L'EVANGILE

DU

JOUR.

TOME SECOND.

L'EVANGILE
DU JOUR

CONTENANT

L'EXAMEN de la nouvelle Hiftoire de *Henri* IV. de M. de Bury , par M. le Marquis de B***. Lu dans une féance d'Académie; avec des Notes.

LE PRÉSIDENT DE THOU juftifié contre les accufations de M. de Buri.

LETTRES DE HENRY IV. à *Corifande d'Andoin*, comteffe de Grammont fur la mort du Prince *Henri de Condé* en 1588.

L'A, B, C, en XVI. Entretiens. ou Dialogues curieux traduits de l'Anglois de M. Huet.

SECONDE EDITION.

A LONDRES

MDCCLXXV.

AVIS

Cet ouvrage contient actuellement XII. Volumes.

EXAMEN

DE LA

NOUVELLE HISTOIRE

DE

HENRI IV.

De M. DE BURY, Par M. le Marquis de B***.

Lu dans une féance d'Academie;

AVEC DES NOTES. -

Vous me demandez, Meſſieurs, qui eſt Mr.
de Buri? C'eſt l'Auteur des vies de Philippe & de
Céſar. Vous me répondez que ce n'eſt guères
vous le faire connoître. J'ajoute qu'il eſt le dénonciateur de l'inoculation auprès de tous les Arche-
vêques du Royaume. Vous vous récriez qu'il n'eſt
pas plus connu par cet ouvrage que par les autres;
& que je puis me diſpenſer d'examiner le travail
d'un homme qui a trouvé le ſecret d'écrire *incogni-
to* l'hiſtoire du Prince le plus propre à donner de
la célébrité à ſon hiſtorien. Mais un de nos plus
illuſtres Ecrivains n'en a pas jugé de même. Plein
de mépris pour Buri, mais jaloux de la gloire du
Héros de la France, Mr. De Voltaire n'a pas dédaigné d'écraſer ce pygmée avec la maſſue d'Her-
cule. Il a raſſemblé dans une brochure les traits
les plus perçants. Il a vengé Henri & le Public.
Toutefois il n'a fait qu'effleurer ſon ſujet; & apparemment il n'étoit guere alors en état de l'apro-
fondir, puiſqu'il reproche ſur-tout à Mr. de Buri

A 3

de n'écrire que ce que tout le monde fçait, au lieu que je lui reproche principalement d'écrire ce que perfonne n'a jamais fçu. (a)

Saviez vous, par exemple, Messieurs, que Henri IV. étoit un hypocrite quand il profeffoit la religion Proteftante? Mr. de Buri vous aprendra qu'il eut toujours *trop de lumière pour n'être pas perfuadé que la religion Catholique étoit la meilleure.* Il étoit donc bien mal inftruit, ce faint pontife, qu'on eut tant de peine à réfoudre même après fon abjuration à lui donner le fouet fur les feffes des Cardinaux du Perron & d'Offat. Nos Capucins fuent fang & eau pour prouver que Henri devint Catholique de bonne foi, comme fi notre divine religion avoit à s'enorgueillir d'un tel profélite. Mr. De Buri prend une voie plus courte; il pofe en fait que Henri ne fut jamais Proteftant. C'étoit, dit-il, un Prince trop éclairé. (b) *Newton* cent fois plus éclairé que lui, étoit donc cent fois plus Catholique. Ce dénonciateur des inoculiftes mériteroit d'être dénoncé lui-même à la première affemblée du Clergé, comme attribuant *la foi* aux opérations de la nature & la dérobant aux influences de la grace. (c)

Sa préface eft révoltante. Il traite de *pedant* l'illuftre de Thou. Il prétend que *Tacite a gâté beaucoup d'Hiftoriens.* A-t-il gâté Priolo qui l'a fi bien imité? Grotius qui en l'imitant eft devenu lui-même un modèle? (d) Il demande fi *Alexandre*

(a) Mr. de Voltaire n'a point du-tout blâmé Mr. de Bury d'avoir dit des chofes communes; mais d'avoir dit des chofes très-fauffes d'un ftile très-commun.

(b) Newton eft bien placé là!

(c) Cette phrafe eft trop obfcure.

(c) Priolo & principalement Grotius ont un ftile diffus très-oppofé à celui de Tacite.

eſt plus eſtimable par ſes grandes qualités que mépri-
ſable par ſes vices? & il nous fait confidence qu'il
a écrit la vie d'Alexandre.   Il dit que *Philippe de*
Comines a écrit avec impartialité l'hiſtoire du ſeul
peut-être de nos Rois qui ait été méchant.   Preſque
autant de fautes que de mots.

1°. Comines n'a point écrit l'hiſtoire de Louis
XI. Il en a ſeulement écrit quelques événements
dont il avoit été témoin.   2°. Il n'a point écrit
avec impartialité: c'étoit un traitre dont la plume
comme la fidélité étoit vénale.   Voyez l'hiſtoire
de Louis XI. par Duclos, & reliſez le dernier chapitre de Comines ſur ce Prince.   Velleius Pater-
culus ne loua jamais Tibère avec cette lâcheté.
Les mémoires de Comines ont fait fortune comme leur Auteur, par cette *ſageſſe proverbiale*, (e)
qui à la vérité eſt ſans vues & ſans profondeur,
mais qui eſt auſſi le réſultat de l'expérience de
pluſieurs milliers d'années.

3°. Il s'en faut bien que Louis XI. ait été *le*
ſeul de nos Rois qui ait été méchant... notre fondateur Clovis n'étoit point un bon homme.

> *Et l'eau du ciel ne put laver jamais.*
> *Ce Roi des Francs gangrené de forfaits.*

Charlemagne qui bâtiſa tant de fois les Saxons
dans des ruiſſeaux de ſang, n'étoit pas un conquérant fort humain.   Quel nom donner à Philippe-
Auguſte qui fit bruler en un jour ſix cents Albigeois,
& qui reput ſes yeux de ce ſpectacle? Pour Charles IX. aſſaſſinant du Louvre les hérétiques fuyards
qui paſſoient ſous ſes fenêtres, on ne ſçauroit lui

(e) Queſt-ce qu'une ſageſſe proverbiale ſans vues & ſans
profondeur?

A 4

difputer fa place entre Néron & Caligula. Nous avons eu beaucoup d'autres Rois méchants. On en juftifie quelques-uns en rejettant leurs cruautés fur leurs Miniftres, ou bien en les imputant à des furprifes que le zèle fit à leur caractère. Mais avec cette logique & cette morale j'aurois bientôt fait l'apologie de tous les bandits condamnés a la potence. Je ne connois point d'Ecrivain plus dangereux que l'Hiftorien qui fait l'éloge d'un *Prince médiocre* (*f*) ou l'apologie d'un tiran. C'eft dire aux Têtes couronnées, foyez fans vertus, livrez-vous aux crimes ; l'adulation jettera encore des fleurs fur votre tombeau : à peine ferez-vous ex-pirés que de beaux efprits feront votre panégirique, & que des Philofophes trempans leur énergique pinceau dans les plus belles couleurs vous préfenteront à la nation comme un modèle. Quel frein reftera-t-il au genre humain pour réprimer les paffions fougueufes des hommes puiffants, fi l'hiftoire devient un amas de lâches fauffetés, fi la crainte d'être en exécration à la poftérité n'intimide plus le crime & ne l'écarte pas du trône ? Je ne puis retenir mon indignation, toutes les fois que je me rappelle un de nos hiftoriens, (1), qui après avoir prouvé que l'homme dont il écrit la vie étoit mauvais fils, mauvais mari, mauvais père, infidèle ami, voifin dangereux, allié peu fûr, Chrétien fuperftitieux & parjure, maître ingrat & foupçonneux, politique plutôt rufé que profond, opreffeur des grands, non par amour pour le peuple, mais par jaloufie contre eux, finit ce tableau par ce trait bizarre & difparate, *c'étoit pourtant*

(*f*) L'éloge d'un prince médiocre eft plat, plus que dangereux.

(1) Duclos, Hiftoire de Louis XI.

un *Roi*. (*g*) Quelle leçon pour les tirans! Eh non, ce n'étoit pas un Roi, s'il eſt vrai que tou- tes les vertus morales & civiles entrent dans la compoſition d'un Roi.   J'attendois de ces vérités fortes qui conſolent les *foibles* (*h*) ; & l'on promet des flateurs à la méchanceté puiſſante.   Mais re- venons à Mr. De Buri, qui nous permettra bien de le perdre quelquefois de vue & de nous rendre ſes fautes utiles par des réflexions, lorſqu'elles ne feront pas amuſantes.

Il débute par un éloge d'Henri IV. tel que l'en- thouſiaſme pourroit l'inſpirer.   C'eſt aparemment ſa maniere de perſuader au lecteur, qu'il va peſer avec impartialité les actions d'un Prince.   Après ce début, on eſt tout ſurpris de ne trouver dans le cours de cette hiſtoire, qu'un guerrier ordi- naire, un politique mal-adroit, un Légiſlateur peu éclairé.   Ce règne eſt pourtant l'époque de très grands changemens arrivés ſoit alors ſoit de puis (*i*) dans la monarchie & dans le ſyſtême de l'Europe.

Au lieu de courir vers le but & de commencer par la naiſſance de Henri, l'Hiſtorien s'engage dans un long préambule, où il entaſſe fautes ſur fautes.

Il eſt certain, (2) dit-il, *que la Reine mère ne fut point nommée régente après la mort d'Henri II.*   Eh pouvoit-elle l'être? l'ordonnance de Charles V. n'avoit-elle pas fixé la majorité à 14 ans?   Fran- çois ſecond en avoit 15.   Il faut pourtant conve-

---

(*g*) Il n'y a pas *pourtant* dans le texte.

(*h*) *Fortes & foibles*: on doit éviter les antitheſes qui ſont des jeux de mots.

(*i*) S'ils ſont arrivés depuis, le règne de Henri IV. ne peut en être l'époque.

(2) Page 14 de l'édition in-12.

nir que dans une autre bouche ces paroles auroient un grand sens ; en effet elles rappelleroient au petit nombre de lecteurs instruits, que l'ordonnance de Charles V. fut regardée comme un renversement des loix civiles & naturelles, que n'ayant été demandée par aucune assemblée d'Etats Généraux, elle fut méprisée comme un *attentat* (*k*) contre les droits de la nation & contre sa constitution fondamentale, comme l'avoient été les deux ordonnances de Philippe le hardi, par lesquelles il vouloit que son fils fût déclaré majeur à 14 ans; comme le furent ensuite deux déclarations de Charles VI. conformes à celles du Roi son pere. Malgré les mesures que prit Charles V. pour l'exécution de sa nouvelle loi, malgré l'enrégistrement solemnel qu'il en fit au Parlement en présence du Recteur de l'Université, du Prévôt des marchands & des Echevins de Paris, son fils resta mineur jusqu'à 22. ans, (*l*) terme de la majorité féodale. Les Ducs d'Anjou , de Berri, de Bourgogne, & de Bourbon, qui se disputoient la régence & la tutelle, ne daignèrent pas s'occuper un moment de cette loi : & lorsqu'ils firent leur accommodement, ils la regardèrent comme non avenue. Depuis ce temps jusqu'a la mort d'Henri II. le Trône ne fut rempli que par des Rois majeurs; de sorte qu'à l'avènement de François II. âgé de 15. ans cette question se présentoit naturellement, *le Roi est-il majeur?* &

(*k*) Elle ne fut point méprisée, & d'ailleurs le mot de mépris ne convient point à attentat.

(*l*) Il fut déclaré majeur & sacré en Novembre 1380 âgé de 13 ans & quelques jours, & le Duc d'Anjou n'eut la régence que trois mois & demi. La majorité féodale était partout à 18 ans.

cette autre, *s'il est majeur, de qui doit être compo-sé son Conseil?* Ces deux points furent agités par le Public avec beaucoup de chaleur. Le Greffier du Tillet donna son livre *de la majorité des Rois*, si estimé depuis & si méprisé pour lors. Il y soute-noit que le Roi majeur, quoique jeune d'âge, pourroit se choisir le Conseil qu'il vouloit. On lui répondoit: c'est d'après l'ordonnance de 1374. qui n'a point eu d'exécution; & d'après celle de 1392. de 1403. & de 1707. (*m*) que vous placez la minorité à 14. ans; soyez donc conséquent: & conformément à ces mêmes ordonnances don-nez au jeune Roi majeur un Conseil composé des *plus prochains de son sang.* Tandis qu'on raison-noit, les Guises s'emparoient de l'autorité. Le Roi de Navarre & le Prince de Condé qui se croyoient le légitime Conseil de François second, formèrent la conspiration d'Amboise pour chasser les Guises. Du reste je suis bien éloigné de vou-loir affoiblir l'autorité quelconque de l'ordonnance de Charles V. sur cette matière. Notre droit pu-blic est fixé à cet égard, *sinon par cette ordonnan-ce*, (*n*) du moins par un usage suivi durant *qua-tre* (*o*) minorités, qui toutes ont fini à la treizieme année du mineur. Tous les ordres de l'Etat y ont acquiescé par leur silence.

Mr. De Buri prétend que cette conjuration d'Amboise est un mistère qu'on n'a pas encore bien éclairci. *On n'en a,* (3) dit-il, *jamais sçu les motifs ni la fin: ce que le public en a sçu de plus*

(*m*) Il veut dire apparemment 1407.
(*n*) Et par quel titre donc?
(*o*) Il y en a six: celles de Charles VI. Charles VIII. Charles IX. Louis XIII. Louis XIV. Louis XV. & la loi de Charles V. toujours observée.
(3) Tom. I. p. 19.

probable, c'eſt qu'on vouloit s'emparer de la perſonne du jeune Roi, chaſſer la Reine mère & les Guiſes, ou leur faire un plus mauvais parti. On accuſa l'Amiral de Coligni d'en être l'Auteur. Nul point de notre hiſtoire n'eſt mieux connu. Les motifs de la conjuration d'Amboiſe étoient les mécontentements qu'on avoit contre les Guiſes, les uns à cauſe de l'abominable *édit* qui condamnoit au gibet (*p*) tous les Officiers & Gentilshommes, qui viendroient à la cour demander au Roi, la récompenſe de leurs ſervices, les arrérages de leurs penſions, ou le rembourſement des prêts d'argent faits à l'Etat; les autres parce qu'ils étoient las de périr par la main du bourreau ſous prétexte de religion; les autres parce qu'ils eſpéroient une révolution qui rétabliroit leurs affaires en déſordre; la plupart enfin pour délivrer la France & le Prince de la tirannie des Guiſes & pour mettre l'Etat ſous l'adminiſtration des Princes du ſang à qui elle apartenoit, & qui étoient les chefs ſecrets de l'entrepriſe (*q*). Le but des conjurés étoit donc inconteſtablement le rétabliſſement de l'ordre public.

(*p*) Il n'y a jamais eu de pareil édit. Mézerai chez qui cette erreur eſt puiſée, s'eſt trompé. L'édit ne fut que contre ceux qui venoient à la cour armés de poignards cachés ſous d'amples manteaux & de larges bottines. Voyez de Thou ſous l'année 1559.

(*q*) Mr. de Bury ſe trompe; mais ſon cenſeur ſe trompe d'avantage. Daubigné qui connut pluſieurs gentilshommes complices autrefois de cette conjuration en avoue les motifs criminels. Le cenſeur tombe dans une erreur en diſant que les princes du ſang furent les chefs; il n'y eut que Louis de Condé ſeul. D'Aubigné dit expreſſément: *Déchus d'avoir pour chef le Roi de Navarre, ils eurent bientôt l'œil ſur Louis prince de Condé.* De plus cette expreſſion *les princes du ſang* les déſigne tous, & certainement la branche de Montpenſier ne fut jamais ſoupçonnée de ce complot.

Les moyens qu'ils avoient projetté d'employer, étoient de faire préfenter d'abord au Roi par des Gentilshommes défarmés une requette tendante à obtenir l'expulfion des Guifes, & au cas que le crédit de ceux-ci la rendît inutile, d'en faire préfenter une feconde, & fi les Guifes ne vouloient pas s'éloigner & rendre compte de leur adminiftration, de les y forcer à main armée & de les retenir prifonniers pour que le procès leur fût fait par les Etats Généraux auxquels on les livreroit. Il ne s'agiffoit point de la Reine mère; c'eft un menfonge atroce & même infenfé, puifque bien des gens ont prétendu que la Reine mère étoit auffi du fecret. (r) Tous les conjurés proteftèrent au milieu des fuplices de leur fidélité pour le Roi & de leur averfion pour les Guifes. C'eft fous ce point de vue que le Connétable de Montmorenci expofa la chofe au Parlement. Quant à Coligni, loin d'être l'auteur du complot, il n'en fut inftruit qu'après la découverte. Aucun conjuré ne le nomma. Les Guifes ne l'en accufèrent point, eux qui ne ménagèrent ni le Prince de Condé ni le Roi de Navarre. Le Préfident Hénault dans fon Abrégé Chronologique a rendu juftice fur ce point à l'Amiral de Coligni.

Mr. de Buri s'acharne à flétrir fa gloire, aparemment parce que ce grand homme fut celui qui contribua le plus à développer & faire germer les femences des vertus morales & des talens militaires que la nature avoit jettés dans l'ame de Henri. *Le chagrin,* (4) dit-il, *de n'avoir aucune part dans le miniftere, avoit fait embraffer à Coligni la religion*

(r) Cela ne fe trouve dans aucun hiftorien, pas même dans d'Aubigné.

(4) Pag. 17.

Proteſtante, dans le deſſein de former un parti conſi-
dérable à la Cour. Voilà comme il s'abſtient de
ce qu'il reproche à Mézerai, de donner aux actions des hommes des motifs vicieux. Où a-t-il
pris cette anecdote? Aucun hiſtorien contemporain n'a nié, que Coligni ne fût Proteſtant de bonne foi. Ce cœur étoit trop grand pour être hypocrite. Quel hypocrite, qu'un Général, qui dans
ſes premières campagnes fit de ſon camp l'azile
des mœurs & l'école de la vertu! Non ſeulement
Mr. de Buri tombe ici dans une malignité mani-
feſte, mais il invente un fait faux pour y tomber.
Il ſupoſe que Coligni n'embraſſa la religion Proteſtante que par chagrin contre les Guiſes & par l'ambition d'être Chef de parti après la mort de Henri Second, tandis qu'il eſt conſtant que du vivant
de ce Prince il étoit déjà Proteſtant: priſonnier
des Eſpagnols après la bataille & la priſe de St.
Quentin, il n'avoit pas diſſimulé ſes ſentimens; &
d'Andelot ſon frère s'étoit ſi nettement déclaré
contre la Meſſe en préſence de Henri II. que ce
Prince lui avoit jetté à la tête une aſſiette qui avoit
bleſſé le Dauphin. Si les Chatillons avoient projetté de former un parti dans l'Etat, l'un d'eux
auroit-il commencé par ſe faire enfermer au châ-
teau de Melun & dépouiller de ſa charge de Co-
lonel Général de l'Infanterie, en punition de ſon
zèle? l'autre auroit-il donné volontairement la
démiſſion de ſon gouvernement de Picardie? Tous
les trois auroient-ils engagé le Conétable de
Montmorenci leur oncle à renoncer en faveur du
Duc de Guiſe à ſa charge de grand-maître de la
maiſon du Roi? Tous les trois auroient-ils con-
ſenti à l'obſervation de l'ordonnance de Charles V.
qui n'avoit pas eu d'effet même à l'égard de ſon

fils? S'ils avoient voulu former un parti dans l'E-
tat, dès les premiers inſtants du règne de François ſecond, n'auroient-ils pas reclamé les loix
anciennes ſi contraires aux prétentions des Guiſes? Ne ſe ſeroient-ils pas du moins unis aux mé-
contens de la conjuration d'Amboiſe?

Mais, dit Mr. de Buri, *Coligni ſoufroit impa-
tiemment la puiſſance des Guiſes.* Etoit-ce un crime? c'étoit le crime de preſque toute la France:
c'étoit le crime de François premier, qui avoit
prévu *qu'ils réduiroient ſes enfans à la chemiſe:*
mais; ajoute-t-il, *il avoit conçu une violente jalouſie contre le Duc de Guiſe.* Le Duc de Guiſe
avoit vaillamment défendu Metz: mais il avoit
perdu par ſa faute la bataille de Renti: & Coligni ne pouvoit avoir de jalouſie de bravoure contre un héros qu'il avoit ramené au combat &
qui ne pouvoit le lui pardonner.

Coligni, (5) ajoute-t-il encore, *s'étoit flaté
que le Roi de Navarre dont il avoit la confiance auroit occupé la place due à ſa naiſſance, c'eſt-à-dire
la Lieutenance de l'Etat.* Encore une fois, François ſecond étoit réputé majeur; & ſous un Roi
majeur y a-t-il un Lieutenant général du royaume? L'unique choſe que le Roi de Navarre prétendoit & pouvoit prétendre, c'étoit de tenir dans
le Conſeil un des premiers rangs, conformément
à l'ordonnance de 1403. Louis de Condé ſon frère avoit auſſi la même prétention. *Mais ſa jeu-
neſſe,* dit Mr. de Buri, *ne lui permettoit pas d'aſ-
pirer au maniement des affaires.* Ce Prince étoit
né en 1530. En 1560. il avoit donc 30 ans:
& à cet âge il étoit trop jeune pour les gran-

(5) Voyez De Thou, L. XXIV.

des affaires? A cet âge, Alexandre étoit le chef du Conſeil & de l'armée des Grecs. (s)

Mr. de Buri revient encore à l'Amiral, & l'accuſe *d'avoir été pour la France un des hommes des plus funeſtes qu'elle eût portés, & preſque le ſeul auteur des guerres civiles.*

Tout le monde n'en juge pas ainſi, & bien des gens vous diſent: Coligni n'eſt l'auteur d'aucune guerre civile. C'eſt l'intolérance qui les produiſit toutes. Les hérétiques ſe laiſſèrent bruler pendant trente ans: enfin ils obtinrent à la requête de la nobleſſe & du tiers-état, les deux ordres les plus conſidérables du Royaume aſſemblés à Orléans, un premier édit de liberté de conſcience. Les Guiſes le violent par des maſſacres, Coligni & Condé s'arment pour le défendre, à la ſollicitation de la Régente. Ce ſont donc les Guiſes qui ſont les auteurs des guerres civiles: car ſe fut ce même édit de liberté de conſcience, qui leur ſervit de prétexte pour les allumer toutes.

Quant au mal que Coligni fit au royaume, il ne le fit qu'accidentellement; il le fit pour empêcher de plus grands maux: il empêcha qu'on n'égorgeat des hommes pour des opinions; il empêcha que le règne des trois frères ne fût une St. Barthelemi continuelle: il établit ce ſyſtême de tolérance, qui *pendant un ſiecle qu'il ſubſiſta* (t) rendit la France heureuſe & triomphante, & dont la ſuppreſſion a principalement contribué à la rendre deux fois un objet de pitié aux yeux de ſes ennemis. Ces mêmes gens vous ſoutiennent, que Coligni

(s) Il l'avoit été à vingt-trois ans.

(t) Eſt-ce qu'on peut dire qu'on doit l'édit de Nantes à Coligni?

ligni a été un des plus utiles citoyens, que notre infanterie lui doit ses plus sages réglements, que notre commerce lui doit la colonie de *la Martinique*, (*u*) que la Maison de Bourbon lui doit par une chaine de circonstances son établissement sur le trône, que si ses conseils avoient été suivis ; les frères de nos Rois n'auroient jamais remué, la ligue ne se seroit pas formée, & la France n'auroit pas versé tant de sang dans les Pays-Bas, dont il alloit faire la conquête.

Après avoir tant médit de l'Amiral de Coligni, il étoit naturel que Mr. de Buri se déclarat pour le Duc de Guise. Il le peint *comme le plus grand homme de guerre qui fût alors :* [ni Montmorenci ni St. André (*x*) ni l'Amiral n'en seroient convenus,] *comme ennemi de la vanité & de l'ostentation.* [Quoique sujet il atteignit par son luxe jusqu'à la magnificence des Souverains, sans compter qu'il prenoit la qualité de Duc d'Anjou & qu'il affectoit la supériorité sur les Princes du sang,] *comme cherchant uniquement la gloire & le bien du Royaume auquel il se portoit avec une affection & un zèle dignes du meilleur citoyen.* [On l'avoit regardé jusqu'ici comme uniquement occupé de la grandeur de sa maison.] *Les protestants,* ajoutet-il, *en ont dit beaucoup de mal, parce que prévoyant les désordres que la nouvelle religion causeroit un jour dans l'Etat, il mit tout en usage pour la réprimer, & peut-être il l'auroit anéantie s'il avoit vécu.*

Tout cela est faux. Je trouve que les historiens Protestants disent de ce Duc de Guise tout le bien qu'ils pouvoient en dire. Il étoit excellent capitai-

---

(*u*) Nous n'avons la Martinique que depuis l'en 1635.
(*x*) Peut-on opposer St. André à François de Guise!

B

ne, il avoit l'efprit étendu; mais fon ambition étoit exceffive. Les Catholiques n'en ont pas parlé autrement. Quant à fon zèle pour la Religion Catholique, on fçait qu'il délibera avec fes frères s'ils n'embrafferoient pas la religion proteftante, pour laquelle le cardinal de Lorraine avoit un penchant dont il ne put fe défaire (*y*); on fçait qu'il écrivoit à des Gentilshommes proteftants: *Eh mon ami! fi tu n'es pas faoul d'un miniftre, prends en deux; ce n'eft pas à ton prêche que j'en veux. Il prévoyoit les troubles que cette religion cauferoit dans l'état.* Ce fut fon efprit perfécuteur qui produifit ces *troubles.* Les religions nouvelles ne demandent qu'à être fuportées: elles ne caufent d'ordinaire des troubles dans les Etats, que parce qu'elles font perfécutées par la religion ancienne; & l'ancienne en ce cas n'a certainement aucun reproche à faire à la nouvelle. Car qu'eft-ce qu'un meurtrier peut objecter de raifonnable à celui qui fe défend contre le meurtre? Mr. de Buri prétend que le Duc de Guife *mit tout en ufage* pour réprimer le proteftantifme. Mit-il en ufage l'inftruction, la douceur, la patience, la réformation des mœurs du Clergé, la fuppreffion des abus, feules armes qu'il faloit employer contre l'héréfie? Non, il mit en ufage le fer & le feu: Mais Bayle lui auroit dit, ce n'eft point avec des arguments que vous avez défendu Metz, ce n'eft point avec des canons qu'on attaque les efprits. Mr. de Buri affure que le Duc de Guife *auroit anéanti cette religion, s'il n'eût été tué.* Il y a là une férocité d'expreffion & de fentiment qui femble partir non d'un Français, mais d'un Inquifiteur. Il n'entend pas que le Duc

(*y*) Ce fait n'eft attefté par aucun hiftorien de poids.

de Guife auroit *anéanti* l'opinion des proteftants, car cette opinion fe feroit confervée dans plufieurs autres parties de la Chrétienté; il entend donc qu'il auroit annihilé tous les Français qui profeffoient cette opinion. Or rien n'eft plus atroce; & préfenter un tel homme comme le *meilleur citoyen*, c'eft peut-être ce qui s'eft écrit de plus fcandaleux dans ce fiècle.

Mr. de Buri raporte un fait, quî, quoique mal rendu, fixe l'idée qu'on doit fe former de Guife, & de Coligni. (6) *On affembla*, dit-il, *un Confeil extraordinaire à Fontainebleau* [c'étoit une affemblée de notables, ce qui eft bien différent d'un Confeil extraordinaire.] *L'Amiral y préfenta une requête au nom de tous les Calviniftes du Royaume, pour obtenir la liberté de confcience.* [L'Amiral en préfenta feulement au nom de ceux de Normandie] *en difant qu'il parloit de la part de cinquante mille hommes.* [Il dit qu'ayant demandé à ceux qui lui avoient donné les requêtes, qu'ils euffent à les figner, ils lui avoient répondu que plus de cinquante mille hommes y foufcriroient, s'il étoit néceffaire. Si Coligni avoit parlé au nom de tous les Calviniftes du Royaume, en eût-il mis en avant un fi petit nombre? cinquante mille hommes auroient-ils fufi pour mettre fur pied, quelques années après, des armées qui tinrent toujours tête aux armées royales?] *Mr. de Guife ne put fe tenir de colère, qu'il ne dit qu'il mèneroit contre eux pour leur rompre la tête cent mille bons catholiques.* [Voila ce que Mr. de Buri appelle être *le meilleur des citoyens.*] Pourfuivons.

(7) *Une querelle furvenue entre les huguenots &*

<hr>

(6) T. I. p. 20.   (7) Pag. 23.

les domeſtiques du Duc de Guiſe à Vaſſi, dans laquel-
le il y eut pluſieurs perſonnes de tuées, & où le Duc
fut bleſſé, occaſionna la première guerre civile : on n'a
jamais pu ſçavoir lequel des deux partis y avoit donné
lieu. Qui ne ſçait que ce fut le Duc de Guiſe depuis appellé *le Boucher de Vaſſi?* Qui ne ſçait que
les huguenots prioient Dieu tranquillement dans
une grange ſous l'autorité de l'Edit de Janvier?
qui ne ſçait que le Duc de Guiſe entendant le chant
des pſaumes manda le juge du lieu & lui fit un
crime de ſouffrir ces aſſemblées; que le juge lui
répondit que l'édit du Roi lui lioit les mains, que
Guiſe repartit, (z) *la Reine a fait cet édit, mais*
cette épée le défera? Nul hiſtorien n'avoit encore
accuſé les proteſtans d'avoir été les auteurs de cette émeute, dont ils pourſuivirent ſi hautement la
vengeance, comme en ayant été les victimes.

Du reſte Mr. de Buri ſe trompe groſſiérement,
(8) quand il dit que l'édit de Mars 1563 fut le
premier édit de liberté de conſcience. Ce fut celui de Janvier 1562. Fait très important, parce
que de-là dépend le jugement qu'on doit porter des
deux partis dans les querelles civiles, où Henri
IV. ſe trouva engagé.

Il ne ſe trompe pas moins, quand il avance que
(9) *Catherine de Médicis ne fut pas nommée régente*
après la mort de François ſecond, durant la minorité de Charles neuf. Elle fut déclarée régente
par les états de Pontoiſe, leſquels confirmèrent le
traité de Catherine avec le Roi de Navarre, qui
s'étoit contenté de la lieutenance générale de
l'état. (a)

(z) Ce ne fut qu'après le maſſacre.
(8) Pag. 25.   (9) Pag. 12.
(a) Elle eut l'adminiſtration, non la régence.

Il se trompe encore, (10) quand il assure que Henri trois après son retour de Pologne *accorda la liberté au Duc d'Alençon & au Roi de Navarre.* Il faloit dire que les gardes ne leur furent ôtés que pour la forme, qu'ils continuèrent d'être prisonniers & gardés à vue, que le Roi de Navarre s'évada de la cour dans une partie de chasse.

Je me lâsse d'examiner ce préambule. Passons à l'Histoire. La première phrase est une bévue. (11) *Le droit*, dit-il, *de Henri IV. à la couronne de France ne lui fut jamais contesté, pas même par ses plus grands ennemis.* Qu'il lise les libelles du temps, & sur tout *l'avis aux bons catholiques*, imprimé à *Tholose:* il y verra que les ligueurs contestèrent la validité du mariage de Jeanne d'Albret avec Antoine de Bourbon, sous prétexte que Jeanne étoit réellement mariée avec le Prince de Clèves. Et cette idée n'étoit point celle de quelques fanatiques; le souverain Pontife l'avoit adoptée: & c'est pour cela que dans la bulle d'excommunication fulminée contre Henri IV. Sixte-quint l'appelle *bâtard de la maison de Bourbon.* (b)

Mr. de Buri remarque que les descendants de Robert Comte de Clermont *avoient toujours vécu dans une certaine splendeur, qui leur avoit acquis à la cour de France beaucoup de considération.* J'aimerois mieux qu'il eût observé qu'Antoine de Bourbon n'avoit pas dix mille livres de rente quand il épousa l'héritiere de Navarre. Depuis le connétable de Bourbon, ce nom ne se prononçoit presque plus dans le Royaume.

Après quelques détails sur la naissance de Henri,

(10) Pag. 31. (11) Pag. 38.
(b) *Génération bâtarde & détestable* est l'expression de la bulle. *Bâtarde* signifie là *indigne.*

B 3

l'hiftorien qui oublie de dire qu'on lui donna le nom de Comte de Vianne, paffe légérement fur fon édu- cation; il n'a pas même fçu, qu'on lui avoit don- né pour Gouverneur le Baron de Beauvais, qui fut tué aux matines de Paris. Je voudrois que ceux qui publient des vies particulieres des Princes, ne craigniffent point de nous ennuier en nous apre- nant comment ils furent élevés. Par exemple, je lis avec un charme infini dans l'hiftoire du Mogol, que le petit-fils de Scha-Abas fut bercé pendant fept ans par des femmes, qu'enfuite il fut bercé pendant huit ans par des hommes: qu'on l'accou- tuma de bonne heure à s'adorer lui-même & à fe croire formé d'un autre limon que fes fujets, que tout ce qui l'environnoit avoit ordre de lui épar- gner le pénible foin d'agir, de penfer, de vouloir & de le rendre inhable à toutes les fonctions du corps & de l'ame: qu'en conféquence un prètre le difpenfoit de la fatigue de prier de fa bouche le grand être: que certains officiers étoient prépofés *pour lui mâcher noblement*, comme dit Rabelais, le peu de paroles qu'il avoit à prononcer: que d'au- tres lui tâtoient le pouls trois ou quatre fois le jour, comme à un agonifant: qu'à fon lever, qu'à fon coucher, trente Seigneurs accouroient, l'un pour lui dénouer l'aiguillette, l'autre pour le déconftiper, celui-ci pour l'accoûtrer d'une chemife, celui-là pour l'armer d'un cimeterre, chacun pour s'emparer du membre dont il avoit la furintendance. Ces par- ticularités me plaifent, parce qu'elles me donnent une idée nette du caractère des Indiens, & que d'ailleurs elles me font affez entrevoir celui du pe- tit-fils de Scha-Abas, pour me difpenfer de lire tant d'épais volumes, que les Indiens ont écrits fur les faits & geftes de cet Empereur automate.

Une anecdote précieuse à la littérature, c'est que Henri enfant avoit traduit en français les commentaires de César sur la guerre des Gaules. Ce fut sous Florent Chrétien son précepteur qu'il entreprit cet ouvrage si digne d'un jeune Prince. Casaubon qui nous assure l'avoir vu écrit de la propre main de ce monarque, ajoute que Henri IV. lui avoit dit qu'il avoit aussi travaillé à des commentaires de ses propres actions, & qu'il les acheveroit dès qu'il en auroit le loisir.

Mr. de Buri n'ayant rien à nous aprendre de l'éducation de son Prince (12), nous aprend qu'il n'y avoit pas alors beaucoup de bons livres. On avoit alors toute l'antiquité Grecque & Romaine, dont l'étude est si propre à former de grands Princes, & dont l'imitation avoit déjà produit tant de bons écrivains. En ce tems là les ames se nourrissoient de ces chefs-d'œuvres immortels, que nous osons mépriser aujourd'hui. Aussi ce siècle fut-il celui des grands talents réunis aux grandes *vertus*. (c)

Parmi les femmes qui se distinguèrent, on admira sur-tout la mère de Henri IV., Princesse peu connue de Mr. de Buri, qui dit qu'elle *consentit facilement* au mariage de son fils avec Marguerite de Valois. Il ignore donc que ce mariage avoit été proposé depuis longtems, que Jeanne d'Albret l'avoit éloigné sous divers prétextes, & que sa répugnance étoit fondée, comme il paroit par ses lettres, sur les motifs les plus honnêtes & les plus nobles, je veux dire sur la crainte que le Prince de Béarn ne corrompît ses mœurs & n'affoiblît son courage dans une cour voluptueuse, où l'exemple du vice étoit donné par ceux qui devoient le ré-

(12) Pag. 49.
(c) Les auteurs des guerres civiles très-vertueux!

primer. Une circonftance remarquable & moins
connue, c'eft que dans le contrat de mariage entre
le Prince de Béarn & Marguerite de Valois, la
Reine de Navarre prit la qualité *de majefté fidéliffime.* Les Rois de Navarre s'appelloient *les Rois
très-fidèles.* Ce titre apartient donc au Roi de France depuis la réunion de la Navarre à la couronne.
Cependant la cour ne l'a point réclamé, lorfque
dans ces dernières années, le Pape en a honoré le
Roi de Portugal. L'Efpagnol qui tient la meilleure partie de la Navarre, a gardé le même filence.
A quoi l'attribuer? on ne fçauroit foupçonner leurs
Majeftés très-chrétienne & catholique d'indifférence pour un titre fi glorieux ni pour des droits bien
établis. Peut-être ne fe trouva-t-il alors dans le
Confeil de ces deux cours perfonne qui fût inftruit
de cette prérogative attachée au royaume de Navarre. C'eft pourtant un fait certain & dont je
fuis prêt à fournir la preuve. (*d*)

Si Mr. de Buri eft excufable d'avoir ignoré ces
anecdotes, il ne l'eft point de nous repréfenter
Henri IV. la nuit de la St. Barthelemi (13), *fe pré-
fentant* à fes affaffins & les défarmant *par fa ferme-
té;* au lieu de nous le peindre étonné, *tremblant,*
& fe cachant fous le *vertugadin* de fa femme. (*e*)
Il l'eft encore moins de gâter la réponfe que fit
ce Prince, lorfque la Reine voulut le faire inter-
roger par le Chancelier fur l'affaire de la Mole &

(*d*) Cette anecdote eft curieufe; mais on peut dire que le
titre de fidéliffime eft très-inutile après celui de catholique
& de très-chrétien; fidéliffime n'eft pas un mot français,
& d'ailleurs tous ces titres n'ajoutent rien à la réalité.

(13) Pag. 64.

(*e*) Ce ne fut pas lui qui s'y cacha, ce fut le Marquis
de Lévi.

de Coconas. (14) *C'étoit faire tort*, dit-il, *à sa dignité de Prince du sang.* Il répondit qu'il étoit Roi de Navarre, qu'il ne relevoit que de Dieu, & qu'il ne répondoit qu'à lui: que du reste quant à ses Pairies, il ne devoit être traduit ni devant la Reine ni devant le Chancelier, mais devant la cour des Pairs. Ces détails plaisent aux particuliers, qui ont du moins la consolation de voir, que l'infraction des loix raproche d'eux les têtes couronnées.

Une autre particularité que Mr. de Buri auroit dû sçavoir, c'est que Marguerite de Valois eut en dot les sénéchaussées du Querci & d'Agenois, quoique, selon nos coutumes, les filles de nos Rois se dotent en argent & jamais en domaines: (*f*) on fit plus; afin qu'elle possédât ces biens plus honorablement, on lui en abandonna par lettres patentes tous les droits régaliens, jusqu'au pouvoir de nommer aux Abayes & aux Evéchés.

Autre erreur grossière de Mr. de Buri. Il dit que *l'Edit de pacification de Mars* 1576. *accorda aux protestants l'exercice public & sans modification de la Religion prétendue réformée; car c'est par un article de cet édit que ce nom fut donné au calvinisme pour la première fois.* 1°. L'édit est du mois de May & non du mois de Mars. 2°. L'exercice public n'y est point accordé sans modification: il est restreint aux lieux & places qui apartiennent aux protestants: il est défendu dans la ville & fauxbourgs de Paris & à deux lieues à la ronde, dans les lieux où le Roi tient sa cour & à deux lieues aux environs: il est aussi prohibé dans les terres & pays qui sont delà les monts. En France la liberté de conscience

(14) Pag. 78.
(*f*) Oui, quand on les marie à des princes étrangers.

ne fut jamais pleinement établie, & c'eſt ce défaut de forme qui a privé l'Etat de ce riche fonds. 3°. Cet édit n'eſt point le premier qui ait donné au calviniſme le nom de Religion prétendue réformée. Ouvrez le recueil des édits de pacification : vous trouverez ce nom dans l'édit de Mars 1562., dans celui de Décembre 1563, en un mot dans tous ceux qui précédèrent celui de 1576. hormis le premier où les proteſtants ſont apellés *les gens de la nouvelle Religion* L'édit de 1576. porte *qu'en tous actes & actions publiques où il ſera parlé de la dite Religion, il ſera uſé de ces mots, Religion prétendue réformée.* Mais cela eſt bien différent de la remarque de Mr. de Buri. Du reſte il a copié cette faute de Mr. le Préſident Hénault, guide peu ſûr, abréviateur infidèle, hazardeux dans ſes anecdotes, trop court ſur les grands événements pour être lu avec utilité, trop long ſur des minuties pour être lu ſans ennui, trop attentif à ramaſſer tout ce qui eſt étranger à ſon ſujet, tout ce qui l'éloigne de ſon but, pour obtenir grace ſur ſes réticences affectées, ſur les négligences de ſon ſtile, ſur ſes omiſſions des faits importants, ſur la confuſion qui règne dans ſes dates ; auteur eſtimable pourtant, ſinon par l'exécution, du moins par le projet, mais fort inférieur à Marcel, quoiqu'il l'ait fait oublier.

Henri, ajoute l'hiſtorien (15), *affecta de paroitre fort content de l'édit de 1576.* Il n'y avoit point d'affectation : c'étoit l'édit le plus favorable que les proteſtants euſſent obtenu : ce fut pour cet édit qu'il combattit depuis ; & après chacune de ſes victoires il répétoit, *tout ce que je demande, c'eſt l'édit de 1576.*

Mr. de Buri traite aſſez au long des premiers

(15) Pag. 97.

états de Blois. Mais en parlant de la députation que firent les trois ordres au Roi de Navarre, & au Prince de Condé, il omet un fait très-confidérable, qui a échappé à tous nos hiftoriens, & ce qui eft plus furprenant, à tous ceux qui dans ces derniers tems ont fait des recherches fur les droits & prérogatives des Parlements: le voici. (g). Les députés furent chargés d'une inftruction dreffée par les états, aprouvée du Roi, de la Régente & du Duc d'Alençon, portant *que les cours des Parlements font des Etats-généraux au petit pié.* En vérité, cette inftruction méritoit d'ètre citée dans quelqu'une de ces remontrances, où l'on prodigue fi fouvent des arguments foibles & des traits d'éloquence inutiles. Quel plus beau titre le Parlement peut-il alléguer pour s'autorifer à prendre connoif-fance des affaires publiques? Il repréfente la nation: il eft un racourci des Etats-généraux. C'eft la nation elle-même qui le reconnoît, & qui le notifie à l'héritier préfomptif de la couronne, de l'aveu même du monarque. Ainfi qu'on ne dife plus à nos Sénateurs, vous prétendez repréfenter en quelque forte la nation; mais quand vous a-t-elle fait fes députés? où eft votre commiffion? quels pouvoirs avez-vous d'elle? Vous n'êtes que les délégués du Prince pour diftribuer en fon nom la jufti-ce à fes fujets. Le droit de vous immifcer dans les affaires publiques émane d'une commiffion particu-lière, qu'il peut étendre, reftreindre, & révoquer à fon gré. Nos Sénateurs fermeront la bouche

---

(g) Cela ne fe trouve dans aucune piece authentique. Cette prétendue inftruction fut l'ouvrage d'un anonyme. De pareilles pièces font mifes au rebut par tous les hiftoriens graves. De Thou n'eût pas manqué d'en faire mention fi elle avait eu la moindre autorité.

aux contredifants, en alléguant fimplement l'inftruction des états-généraux de 1577. Cette pièce fe
trouve dans quelques recueils, entre autres dans
les Mémoires du Duc de Nevers, & dans ceux
de la Ligue.

(16) Mr. de Buri fupofe que fon Prince reçut
plufieurs bleffures au fiege de Cahors. Cependant
il eft certain que ce fut à la journée d'Aumale en
1592. qu'il reçut aux reins un coup de feu, qui eft
la feule bleffure qu'il ait eue en fa vie.

Il ne dit pas un mot de la conférence de Fleix
entre le Roi de Navarre & le Duc d'Anjou, de·
laquelle réfulta la ceffation des hoftilités & le re-
nouvellement de tous les édits de pacification. C'eft
pourtant par l'expofé de ces fortes de faits, qu'un
hiftorien met le lecteur en état de juger le Prince.
(17) Il plonge Henri dans une oifiveté de plufieurs
années, que dans le vrai il emploia en combats, en
négociations. Il lui met de bons livres à la main,
auxquels il eut, dit-il, *de grandes obligations*. Il
ne fçait point que Henri *abhorroit la lecture ;* il n'a
point lu les mémoires de Dupleffis Mornai qui le
lui reproche en termes exprès dans une lettre d'a-
vis où l'on trouve un trait fingulier, & fi fingulier
que c'eft beaucoup de l'indiquer aux curieux.

Mr. de Buri garde un profond filence fur l'am-
baffade que le Roi de Navarre envoya aux Princes
d'Allemagne pour leur communiquer les projets de
la Ligue & pour implorer leurs fecours. L'inftruction donnée au Vicomte de Turenne, eft un chef-
d'œuvre de fageffe. On y voit d'ailleurs quelles
étoient les vues, les forces & les reffources de ce
Prince. Il ne nous inftruit pas avec plus de foin

(16) Pag. 122.   (17) Pag. 140.

du célèbre voyage du Duc d'Epernon vers Henri
en 1584. ni de la conférence entre Roquelaure &
Marmiers, ni de l'excellent manifeste que le Roi
de Navarre publia l'année suivante contre les Ligueurs, où il se justifie si éloquemment de l'accusa-
tion d'héréfie & du crime de relaps. C'est un Roi
qui parle en philofophe: c'est un héros qui donne
des leçons aux fages. Du moins il n'auroit pas dû
oublier cette offre magnanime faite au Duc de Guife de terminer par un duel tous les différends qui
déchiroient le royaume, & qui devoient couter
tant de fang. Si de tant de pièces dont il devoit
l'extrait au public, aucune ne lui paroiffoit affez
intéreffante, comment n'être pas réveillé de cette
léthargie par la proteftation que le Roi de Navarre,
le Prince de Condé & les Montmorencis publiè-
rent enfemble contre l'édit de Nemours? Mr. de Buri
a eu fous fa main des monceaux de diamants, &
n'a fçu ramaffer que quelques pierres de peu d'éclat.

On eft tenté de le louer de cet excès de difcrétion, lorfqu'on lui voit commettre tant de fautes
fur les faits qu'il daigne raporter. En parlant de
la bulle d'excommunication lancée contre le Roi de
Navarre, on avoit lieu d'efpérer des éclairciffements
fur la maniére dont-elle avoit été obtenue; mais il
fe garde bien de dire, qu'elle avoit été négociée par
les Jéfuites, que le Jéfuite Mathieu qu'on apelloit
le courier de la Ligue en avoit été l'ardent promo-
teur, qu'elle avoit été déjà minutée par Grégoire
prédéceffeur de Sixte-Quint, que le Confeil de Henri trois eut la lâcheté de fe borner à en empêcher
la publication, que le Prince de Condé non moins
fenfible que le Roi de Navarre fit afficher à Rome
un écrit auffi vigoureux contre l'infolence du Pape
&c. Ces faits narrés avec élégance, auroient in-

ſtruit & plu ſur-tout en ce moment où un Pontiſe a oſé mettre ſous l'anathême les miniſtres d'un Bourbon. Mais Mr. de Buri a trop beſoin lui-même d'inſtruction, pour avoir dû ſe charger de celle des autres.

Il eſt ſi neuf dans l'hiſtoire de nos guerres civiles, qu'il affirme que la victoire de Coutras fut la première que les proteſtants (18) *juſqu'alors battus* remportèrent ſur les catholiques; Hélas! les proteſtants n'avoient - ils pas été vainqueurs à la journée de St. Dénis, à celle d'Arnai-le Duc, à celle de Xaintes? (*h*) Qu'il liſe des mémoires du modeſte la Noue, ceux de Mornai, de Bouillon, d'Agrippa d'Aubigné, l'hiſtoire de De Thou: il verra que les hugenots ne furent pas toujours battus, & que lorſqu'ils le furent, il n'y eut pourtant de vraie victoire que pour la mort. Chacune de leurs défaites fut ſuivie d'un édit toujours plus favorable.

Mr. de Buri après avoir omis quantité d'évenements de l'année 1587, paſſe bruſquement à la mort du Prince de Condé. Mais voyez avec qu'elle négligence il écrit. (19) *La naiſſance*, dit-il, *de Henri ſecond fit ſurſoir la Procédure commencée contre la Princeſſe ſa mère.* Il faloit dire que la groſſeſſe de cette Princeſſe fit ſurſeoir l'exécution de la ſentence qui portoit, qu'elle ſeroit apliquée à la queſtion. *Un domeſtique*, ajoute-t-il, *nom-*

---

(18) Page 190.

(*h*) Ils ne gagnerent point la bataille de St. Denis. La Noue avoue qu'ils la perdirent & il eſt ſuivi en cela par le préſident de Thou & par le préſident Hénault, Le combat d'Arnai-le Duc fut indécis de l'aveu du préſident de Thou, livre XLVII. Il n'y eut point de bataille à Xaintes; Ce ne fut qu'une ville aſſiégée & priſe. Voyez de Thou, *ibid*.

(19) Pag. 195.

mé Brillant, *fut tiré à quatre chevaux.* C'étoit un
Avocat nommé Jean Ancelin Brillant. (*i*) *Le Ju-*
ge fut taxé d'avoir été trop vite dans ce jugement.
Erreur, Brillant eut tout le temps de fe défendre.
Le Prince étoit mort de poifon dès le 5. de Mars;
& ce ne fut que le XI. Juillet, que Brillant fut
exécuté. Mr. de Buri donne à penfer que ce juge
étoit René de Cumont Lieutenant particulier de
St. Jean d'Angeli, qu'il a nommé plus haut. Mais
c'eft une méprife fur l'appel interjetté par Brillant:
le Roi de Navarre qui s'étoit rendu à St. Jean
pour venger la mort de fon coufin, nomma une
commiffion dont le Préfident fut Jean de la Valet-
te, grand Prevôt de France. *Après fix années de*
prifon, continue Buri, *la Princeffe préfenta requête*
au Parlement de Paris, qui ayant évoqué cette affai-
re à fon Tribunal déclara la Princeffe innocente du
crime dont on avoit voulu la rendre complice. Ce ne
fut point après fix années de prifon, ce fut dès
l'inftant de l'accufation, (*k*) que la Princeffe eut
recours au Parlement de Paris. Elle prefenta une
requête fur laquelle intervint le 6. de May un arrêt
qui ordonnoit l'aport au Greffe des pièces & informations concernant la mort du Prince de Condé,
avec défenfes aux Commiffaires nommés par le Roi
de Navarre & à tout autre Tribunal de connoître
de ce procès. Car, ajoute le Préfident de Thou,
c'eft un droit qu'ont les Princes du Sang, auffi-
bien que les Pairs du Royaume & leurs femmes,
de ne pouvoir être jugés que par le Parlement de
Paris, qu'on appelle pour cela la Cour des Pairs.

(*i*) Cet avocat n'en était pas moins domeftique, Voyez
les Lettres de Henri IV.

(*k*) Elle n'en préfenta pas moins requête au bout de fix
ans; on ne pouvait l'abfoudre que fur requête.

(19) Pag. 190.

Les Commiſſaires ne firent aucun cas de cet arrêt du Parlement, ils continuèrent leurs pourſuites. La Princeſſe fit préſenter une ſeconde requête, ſur laquelle intervint un ſecond arrêt qui réitéroit les premieres défenſes, & qui de plus leur enjoignoit de ſe rendre en la cour pour répondre aux demandes du Procureur Général. Le Roi de Navarre qui ne pouvoit raiſonnablement confier à un Parlement Ligueur la vengeance d'un Prince ardent ennemi de la Ligue, fit rendre par ſon Conſeil un arrêt qui ſans avoir égard à celui de Paris ordonnoit qu'on procéderoit au jugement ſuivant la forme qu'on avoit ſuivie juſqu'alors. Cependant il donna ordre que cette affaire demeurât ſuſpendue, & il remit la Princeſſe à la garde du Goüverneur de St. Jean d'Angeli. Mais en 1595. les Montmorencis, les Bouillons, le Mirepoix, les la Trimouilles, & d'autres parents de la priſonnière, ayant préſenté requête au Roi pour obtenir que l'accuſation fût jugée au Parlement de Paris, Henri y renvoya l'accuſée, & lui donna la liberté ſous la caution de ces Seigneurs, qui promirent qu'elle ſe repréſenteroit toutes les fois qu'il en ſeroit beſoin. Dans le mois de Juillet 1596, c'eſt à-dire huit ans après la mort de Condé, le Parlement de Paris, alors perſuadé comme aujourd'hui qu'il étoit uniquement & eſſentiellement la cour des Pairs, caſſa tout ce qui s'étoit fait contre la Princeſſe par un Juge incompétent: & ſi l'on veut en ſçavoir la raiſon, on la trouvera dans une note du ſixieme volume des Mémoires de Sulli, abrégés par l'Ecluſe. Le Prince de Conti & le Comté de Soiſſons proteſtèrent contre l'arrêt qui fit jetter au feu les informations du premier Juge. Mais on leur repréſenta qu'ils nuiroient à leur neveu en

vou-

voulant venger la mort de leur frere : & ils fe
turent. L'arrêt d'abfolution de la Princeffe de Condé fut enrégiftré dans tous les Parlements du Royaume.

Après avoir exceffivement vanté le premier
Duc de Guife, Mr. de Buri s'avife de rabaiffer le
mérite militaire du fecond. Ce Prince avoit pourtant fait de ces actions d'éclat qui rendent un
nom immortel. Il avoit délivré Poitiers attaqué
par Coligni : il avoit battu à Château-Thierri
les troupes Allemandes commandées par Mont-
morenci-Thoré: il avoit été vainqueur à la journée du pont St. Vincent, à celle de Vimori: enfin il avoit mis le comble à fa gloire par la défaite
des Alliés à Anneau dans la Beauce. Voilà l'homme que Mr. de Buri repréfente comme un guerrier médiocre.

Il n'eft pas plus inftruit fur le Comte de Soiffons. Il prétend que ce Prince tomba dans le mépris pour avoir changé fouvent de Religion: c'eft
j'ofe le dire une calomnie, dont cet hiftorien eft
l'auteur. Le Comte de Soiffons fut toujours in-
violablement catholique; & lorfque Henri de Navarre voulut lui donner en mariage Mad. Catherine fa Sœur, il ne lui propofa pas de renoncer à
la Religion ancienne. Il eft vrai que le Comte de
Soiffons après fon voyage furtif en Gafcogne, fol-
licita & obtint une bulle du Pape, qui lui donna
l'abfolution du péché qu'il avoit commis en voyant
familiérement des hérétiques excommuniés. Mais
cette abfolution dont les catholiques eux mêmes
plaifantèrent beaucoup, loin de prouver le proteftantifme de ce Prince, démontre qu'il étoit
exceffivement catholique : du refte Mde. Catherine fut fi tendrement éprife du Comte de
C

Soiſſons, qu'elle refuſa pendant pluſieurs années tous les partis qu'on put lui offrir; & lorſqu'on lui vantoit le Prince qu'elle refuſoit, *vous
avez raiſon*. diſoit-elle, *mais ce n'eſt pas mon Comte.*

M. de Buri qui s'étend avec complaiſance ſur
l'aſſaſſinat du ſecond Duc de Guiſe, paſſe ſous ſilence une circonſtance qui apartenoit bien à une
hiſtoire de Henri IV. C'eſt que ſur l'avis qu'il en
reçut par le Duc d'Epernon il dit à ſes courtiſans :
,, on ne m'en croiroit pas ſi je diſois que cette
,, mort m'afflige, puiſqu'il eſt conſtant que Mr.
,, de Guiſe avoit attenté à la vie du Roi & qu'il
,, troubloit le Royaume ; mais je puis aſſurer a-
,, vec vérité, que pluſieurs gentilhommes ſont
,, venus s'offrir à moi pour le tuer, non dans la
,, vue d'en être récompenſés, mais uniquement
,, pour venger l'Etat. Je les ai toujours refuſés
,, en les menaçant de ne plus les regarder, s'ils
,, inſiſtoient, ni comme des amis, ni comme des
,, gens d'honneur. Ce n'eſt point par des aſſas-
,, ſinats que les Rois doivent ſe faire juſtice."

L'année 1591 fut ſurtout remarquable par des
édits modérés du Roi & par des arrêts vigoureux
du Parlement de Chalons contre le Nonce du Pape qui fut décreté de priſe de corps, & contre
Grégoire XIV. auquel on conteſta la légitimité de
ſon élection. Mr. de Buri fort attentif à repré-
ſenter l'autorité Royale mépriſée, ne dit preſque
rien de ces événemens qui la montrent triomphante malgré les efforts des ligueurs & des prêtres ar-
dents à la rabaiſſer. Il ne fait pas même au Clergé
Royaliſte l'honneur de rappeller ce mandement généreux, ſigné de douze prélats, qui ramenoit parmi l'ordre eccléſiaſtique les principales maximes
ſur leſquelles ſont fondées les libertés gallicanes.

Une anecdote affez finguliere, c'eft un arrêt
de mort que le Parlement de Paris prononça
contre le bourreau qui avoit pendu le Préfident
Briffon en vertu d'une fentence du Confeil des
Seize, Jufqu'alors on avoit cru que les bourreaux ne répondoient pas plus *du mal pendu* que
la Tournelle *du mal jugé.* Mr. de Buri qui partout où il n'eft pas fautif copie affez fervilement
De Thou, a dédaigné cette particularité, affez
propre à nous peindre certains hommes.

Une des plus confidérables omiffions de Mr. de
Buri, c'eft celle de la difcipline qui s'obferva parmi le Clergé Royalifte, pendant les quatre années
qui s'écoulèrent entre l'avénement de Henri IV. à
la Couronne & fon entière reconciliation avec le
St. Siège. Ce Prince donna dans cette occafion
une grande preuve de fa prévoyance & de fon ha-
bileté. (20)

Il rejetta la propofition qu'on lui fit d'établir un
patriarche en France. Cette dignité étoit bri-
guée par le Cardinal de Lenoncourt, par Renaud
de Beaune qui y prétendoit en qualité d'Archevêque de Bourges, par le Cardinal de Bourbon qui
croyoit qu'un grand nom étoit un titre fuffifant.
Il jugea que l'autorité d'un patriarche qui embraf-
feroit la France entière, feroit une efpèce de Sou-
veraineté, qui exciteroit la jaloufie des Evêques,
& donneroit peut-être de l'ombrage au Monarque. Il partagea donc entre plufieurs cette puiffance qui auroit pu devenir dangereufe entre les
mains d'un feul. En conféquence il ordonna par
un édit, que les nominations aux évêchés, abayes, & autres bénefices vacants, feroient confir-

(20) Voy. Hift. de M. de Thou.

C 2

mées par le métropolitain, & à fon défaut ou fur fon refus par le métropolitain le plus prochain: que les Evéques accorderoient les mêmes difpenfes que le Pape: que tous ceux qui enverroient à Rome feroient punis comme perturbateurs du repos public: & que deux prélats feroient nommés pour délivrer aux Chancelier, Préfidents, Maîtres des requêtes & Confeillers au Parlement, l'indult que le Pape leur avoit accordé. Voilà fous quel réglement le Clergé de France vécut quatre années, malgré les atteintes fréquentes qu'on voulut y donner. Ces exemples du paffé peuvent être des leçons pour l'avenir: & un hiftorien doit les tranfmettre fidélement à la poftérité.

Les deux réticences les plus affectées de Buri regardent les ci-devant foi-difants Jéfuites. Il paffe fous filence le procès que l'Univerfité & les Curés de Paris intentèrent à cette fociété en 1594. Cependant on auroit lu avec plaifir dans les plaidoiers de leurs Avocats, le fonds de tout ce qui a été dit de nos jours contre elle dans tant de comptes rendus & de requifitoires des gens du Roi, qui n'ont fait que copier Antoine Arnauld & Louis Dolé, (*k*) qui ne parurent pas alors fort convaincans. Secondement il fuprime l'édit de Janvier 1595. qui chaffa tous les jéfuites du Royaume. En vain diroit-il qu'il ne l'a trouvé dans aucun recueil d'ordonnances, que ni les mémoires de Sulli, ni ceux du Chancelier Chiverni, n'en font pas la moindre mention, que les lettres & les négociations du Cardinal d'Offat font entendre qu'il n'y en avoit point eu, & qu'il eut ordre du Roi d'affurer le Pape qu'il n'y en auroit point,

____

(*k*) Cela eft très faux. Arnauld & Dolé ne parlent point de leurs Conftitutions qu'ils ne connaiffaient pas.

qu'en un mot on n'en trouve pas le moindre vesti-
ge dans un feul écrit du temps. On lui répondroit
qu'on en a fait l'heureufe découverte dans le greffe
du Parlement de Rouen, (l) & que cette piece
ayant été déclarée authentique par Mrs. du Parlement nos Maîtres en hiftoire comme en Jurifprudence, c'eft en quelque forte manquer de refpeét
à cette augufte compagnie de diffimuler un fait,
fi connu aujourd'hui, quoique parfaitement inconnu aux hiftoriens contemporains. D'ailleurs cet é-
dit ne fe trouveroit-il pas couché fur les régiftres
du Parlement de BEZIERS; fi ces régiftres n'avoient
été long-tems entre les mains d'un Jéfuite? J'in-
fifte là-deffus, pour montrer que je ne fuis point
de l'avis de ces mécréants, qui ofent douter de ce
dont les Parlements de France ne doutent pas, &
qui n'ont pas la même vénération pour fes déci-
fions fur les points de fait, que pour fes arrêts fur
des matières de droit. Que les ci-devant foi di-
fants Jéfuites ne nous citent donc plus le Préfident
de Thou, qui dans le livre CXIX. de fon hiftoire
dit expreffément que le Parlement de Paris avoit
fouvent demandé cet édit au Roi, que le Confeil
l'avoit délibéré deux fois, & qu'il ne fut point accordé à caufe des intrigues des Jéfuites de robe-
courte. Grace à la découverte faite à Rouen,
nous fçavons mieux que de Thou l'hiftoire de fon
tems. Les contredifants ne fe rendent point: ils
prétendent qu'il feroit bien étrange, que Henri
IV. & fon Confeil & les Jéfuites n'euffent eu aucune connoiffance de cet édit, & qu'il eft prouvé par le filence de l'édit de rétabliffement de la

_____

(l) Cet édit fut préfenté & ne fut jamais publié. Il n'a
nulle force, c'eft une pièce inutile. Un édit ne peut être
clandeftin.

société qu'ils n'en eurent pas la moindre connois-
sance. Je leur réponds encore que grace à la découverte de Rouen, nous sçavons mieux l'histoire
de Henri IV. que Henri IV. lui-même. (*m*)

Mr. de Buri rapporte au long l'accueil que ce
Prince fit à Mayenne, sur lequel il faloit glisser,
& glisse sur l'édit de Folembrai qu'il faloit raporter au long, quand ce ne seroit que pour montrer
de quelles chaines le St. Siége l'avoit garotté. 1º.
Henri aprouva la cause de la guerre qui lui avoit
été faite par la Ligue : c'est-à-dire qu'il recon-
nut qu'un Roi hérétique peut être justement ex-
clus de la couronne, à peu près comme l'Evêque la Parisière haranguant le Roi en 1727 au nom
du Clergé lui fit confidence que la *Royauté étoit
fondée en France sur la catholicité.* 2º. Il accorda
pour 6 ans trois places de sureté au Duc de Mayenne. Troisiémement il confirma toutes les nominations que ce rebelle avoit faites aux charges &
dignités de l'état. Quatriémement il déclara le Royaume engagé envers tous les créanciers de Mayenne, & tenu de payer toutes ses dettes. V. Il
excepta Mayenne du nombre de ceux à qui les é-
dits d'amnistie ne faisoient aucune grace pour a-
voir attenté aux jours du feu Roi. Cet article fut
le plus débattu au Parlement, quand l'édit de Folembrai y fut porté pour y être enrégistré. La
Reine Louise y fit malgré le Roi une généreuse
opposition. Il falut négocier longtemps pour le
faire enrégistrer purement & simplement. C'étoit
un spectacle singulier de voir ce même Parlement

(*m*) Si Henri IV avait donné cet édit, il devait le savoir. On ne peut savoir mieux l'histoire de Henri IV. que
Henri IV. lui-même.

qui peu d'années auparavant avoit commencé une
procédure criminelle contre l'affaffin des Guifes,
en vouloir venger abfolument l'affaffinat, qu'il a-
voit fi hautement aprouvé, & que plufieurs aprou-
voient encore en fecret. M. le Préfident Hénault
accufe le Duc de Mayenne de n'avoir pas fçu faire
la paix. Pour moi j'eftime que jamais Roi de France placé dans les mémes circonftances, n'en fit u-
ne auffi honteufe, & que le traité de Folembrai
met le comble à la gloire de Mayenne, & la plus
grande tache à la vie d'Henri IV. qui eut la foibleffe de l'accorder aux inftances de Gabrielle, &
ternit la plupart des bonnes actions de Sulli qui
le négocia.

Cet illuftre Sulli avoit tant de qualités éminentes
que M. de Buri pouvoit bien fe difpenfer de (21) *le
faire defcendre des Comtes d'Artois* contemporains de
Charlemagne; c'étoit la chimère de ce grand homme, & fes Secrétaires ont eu foin d'en remplir
fes économies Royales, Mais au lieu de l'adopter, il
faloit dire que toute la cour s'en mocquoit : & toutes les fois que Henri IV. vouloit dérider le front
fourcilleux de fon furintendant, je vais, difoit-il,
au raport d'Aprippa d'Aubigné, je vais l'appelier
mon coufin, & lui rappeller qu'il defcend des Comtes fouverains de Bethune.

M. de Buri connoit fi peu fon fujet qu'il prétend qu'en 1596. (22) *les huguenots apréhendoient
que Henri IV. n'anéantit entiérement les édicts de liberté de confcience.* Dans qu'elles fources a-t-il
donc puifé? Quel abfurde écrivain avança jamais
un tel fait? Les huguenots craignirent que leur

(21) Tom. III. p. 1.
(22) Tom. III. p. 59.

C 4

Roi livré aux catholiques Ligueurs ne reſtraignit leurs privilèges, ou plutôt qu'il ne les étendit pas; mais ils ne craignirent pas un inſtant pour la liberté de conſcience. Pouvoient-ils oublier qu'il avoit combattu vingt ans pour elle? Pouvoient-ils apréhender qu'un homme ſi bienfaiſant devint ſubitement un Dioclétien, qu'un Prince qui avoit été témoin de tous les maux enfantés par l'intolérance, replongeât le Royaume dans un nouvel abime de malheurs, que celui qui uſoit de tant de clémence & de généroſité envers ſes plus mortels ennemis, n'eût que des foudres à lancer contre ſes amis, & contre des amis qui pendant quatre années l'avoient inconteſtablement fait & ſoutenu Roi de France. En vérité M. de Buri nous donne là une horrible idée de Henri IV. Je ſens bien qu'elle eſt une ſuite de ce qu'il a dit ſi ridiculement que Henri ne fut qu'un hipocrite ruſé, tant qu'il parut extérieurement proteſtant. Mais cette folie même n'excuſe point celle-ci. On peut être fort bon catholique, ſans donner dans le fanatiſme des Ligueurs: c'eſt même le propre d'un bon catholique d'être tolérant.

Après cela pardonnons lui d'avoir omis dans le narré des faits concernant l'aſſemblée des notables; les demandes que firent les trois ordres. Ces objets d'utilité publique ne pouvoient le toucher que fort médiocrement. Que lui importoient, par exemple, les doléances des députés de Languedoc ſur les dépenſes exceſſives que coutoit la tenue des états, & les inſtances qu'ils firent pour que ces aſſemblées ne fuſſent convoquées que tous les trois ans. Mais ce fait particulier eſt précieux pour nous. Nos peres avoient-ils raiſon? Leur enfants ont-ils aujourd'hui un juſte ſujet de ſe *condouloir* avec eux?

C'eſt un problême que je propoſe à tous nos bons citoyens.

Si Mr. de Buri avoit tant de penchant à ſuprimer certains faits, il pouvoit bien ſuprimer ces propos de Henri IV. ſi deſhonorants pour les claſſes du Parlement ſéantes en provinçe. ,, Mon ,, Parlement de Paris eſt le ſeul lieu où la juſtice ,, ſe rend aujourd'hui dans mon Royaume. En ,, la plupart des autres la juſtice ſe vend: & qui ,, donne plus, l'emporte ſur celui qui donne ,, moins. Je le ſçai, parce qu'autrefois j'ai aidé ,, moi-même à bourſiller ". Peut-être Mr. de Buri a-t-il cru faire ſa cour à ces claſſes, & qu'il a regardé la ſatire des prédéceſſeurs comme une louange très délicate pour des ſucceſſeurs qui n'ont garde de leur reſſembler.

Un trait d'ignorançe bien marqué c'eſt le titre qu'il donne à un livre de Mornay ſur l'Euchariſtie. C'eſt un traité, dit-il, (23) *contre l'inſtitution de l'Euchariſtie.* Ce livre de Mornai a pour titre, *De l'inſtitution, uſage & doctrine du St. Sacrement de l'Euchariſtie en l'Egliſe ancienne.*

Parmi les anecdotes puériles qu'il a ramaſſées, il auroit pu en mettre d'importantes, qui lui auroient fait pardonner les minutieuſes. (24) Quand il raporte qu'à la mort de Gabrielle d'Eſtrées les courtiſans parurent triſtes, il auroit pu ajouter qu'ils prirent tous le deuil, & que le Parlement même députa au Roi pour lui faire ſes condoléances, quoique le chef de cette compagnie répétât avec jubilation, *Laqueus contritus eſt.*

Mr. de Buri ne trouve rien d'étrange dans l'horoſcope de Louis XIII. fait par La Rivière méde

(23) Tom. III. pag. 211.
(24) Pag. 182.

C 5

cin, au moment de fa naiffance. Cependant toutes fes prédictions s'accomplirent; & parmi bien
des peuples La Rivière auroit été mis au rang des
prophêtes. On y voit l'élévation de Richelieu,
l'abaiffement de la faction proteftante, l'épuifement des finances, le regne des favoris. la naiffance de Louis XIV, & la puiffance illimitée de
ce Prince, qui par fes guerres, fes perfécutions,
par les maux inféparables de l'abus de l'autorité
mit la France à deux doigts de fa perte, comme
La Rivière l'avoit prédit. (n)

Le procès & le fuplice du Maréchal-Duc de Biron eft un des quatre endroits foibles de la vie de
Henri IV. Mr. de Buri fuprime la défenfe de cet
illuftre malheureux. Cependant on eût vu avec
fatisfaction dans cette hiftoire ces traits vigoureux
d'une éloquence guerrière; (o) „ Si j'ai commis quel-
„ que faute, le Roi me l'a pardonnée à Lion. Il
„ ne vous apartient pas d'en connoitre. En vain
„ direz-vous que je n'ai point obtenu des lettres
„ d'abolition. C'eft une formalité, dont l'omif-
„ fion ne doit pas mettre Biron en danger. C'é-
„ toit au Roi à me les faire expédier. Le projet
„ de traité eft écrit de ma main; mais la date en
„ eft antérieure au voyage de Lion. Vous m'ob-
„ jectez une Lettre écrite à ce fcélérat de Lafin,
„ dont vous admettez le témoignage contre moi,
„ quoiqu'il ait été mon complice. Mais cette
„ même lettre démontre que j'avois renoncé à

(n) La Rivière avait dit: *après lui tout empirera.* Louis
XIV. fut l'arbitre de l'Europe pendant quarante ans & finit
par donner l'Efpagne & l'Amérique méridionale à fon petit
fils. Quelle façon d'empirer!

(o) On fait affez que ce difcours n'eft pas du Maréchal
de Biron.

„ mes extravagans projets. Je lui marque, *puif-*
„ *qu'il a plu à Dieu de donner un fils au Roi, je ne*
„ *veux plus fonger à toutes ces vanités : ainfi ne fai-*
„ *tes faute de revenir.* Mon malheur a cette con-
„ folation, qu'aucun de vous n'ignore les fervices
„ que j'ai rendus au Roi & à l'État. Je vous ai
„ rétablis, Meffieurs, fur les fleurs de lis, d'où
„ les Saturnales de la Ligue vous avoient chaf-
„ fés. Ce corps qui dépend de vous aujourd'hui,
„ n'a veine qui n'ait faigné pour vous. Cette main
„ qui a écrit ces lettres produites contre moi, eft
„ celle qui a fait tout le contraire de ce qu'elle é-
„ crivoit. Il eft vrai, j'ai écrit, j'ai penfé, j'ai
„ dit, j'ai parlé, plus que je ne devois: mais
„ où eft la loi qui punit de mort la légéreté de la
„ langue, & le mouvement de la penfée? Ne pou-
„ vois-je pas defervir le Roi en Angleterre &
„ en Suiffe? Cependant j'ai été irréprochable dans
„ ces deux ambaffades. Et fi vous confidérez a-
„ vec quel cortège je fuis venu, dans quel état
„ j'ai laiffé les places de Bourgogne, vous recon-
„ noitrez la confiance d'un homme qui compte fur
„ la parole de fon Roi, & la fidélité d'un fujet bien
„ éloigné de fe rendre Souverain dans fon Gou-
„ vernement. Affuré de mon pardon, je difois
„ en moi même, le Roi connoit trop le fond de
„ mon cœur, pour foupçonner ma fidélité. Que
„ s'il ne m'a donné la vie que pour me faire mou-
„ rir, un tel procédé n'eft pas digne de fa gran-
„ de ame, & ne peut lui être infpiré que par les
„ ennemis de fa gloire & les miens. J'ai voulu
„ mal faire: Mais ma volonté n'a point paffé les
„ termes d'une première penfée enveloppée dans
„ les nuages de la colère & du dépit: & ce feroit
„ chofe bien dure, que ce fût par moi qu'on com-

„ mençât à punir les penfées. Serois-je le feul
„ en France qui n'éprouvât point la clémence du
„ Roi ? Quoiqu'il en foit , je compte plus fur
„ vous, Meffieurs, que fur lui. Dès qu'il s'eft
„ réfolu à me remettre en vos mains, il tient à
„ vertu de m'être cruel. Mais la clémence n'eft-
„ elle pas la vertu des Rois ? Chacun peut donner
„ la mort ; il n'appartient qu'au fupérieur de donner
„ la vie. Eh ! ne fçait-il pas bien qu'il m'a par-
„ donné ? La Reine d'Angleterre m'a dit que fi
„ le Comte d'Effex eût demandé pardon , il l'au-
„ roit obtenu. Je le demande aujourd'hui ; le
„ Comte d'Effex étoit coupable , & moi je fuis in-
„ nocent. Eft-il poffible que le Roi ait oublié
„ mes fervices ? Ne fe fouvient-il plus de la con-
„ juration de Mantes ? Ne fe fouvient-il plus du
„ fiège d'Amiens, où il m'a vu tant de fois couvert
„ de feux & de blomb, courir tant de hazards pour
„ donner ou pour recevoir la mort ? Le cruel ! il
„ ne m'a jamais aimé que tant qu'il a cru que je
„ lui étois néceffaire. Il éteint le flambeau en
„ mon fang après qu'il s'en eft fervi. Mon pere
„ a fouffert la mort pour lui mettre la couronne
„ fur la tête. J'ai reçu quarante bleffures pour la
„ maintenir, & pour recompenfe il m'abat la tê-
„ te des épaules. C'eft à vous, Meffieurs, d'em-
„ pêcher une injuftice, qui deshonoreroit fon
„ règne, & de lui conferver un bon ferviteur, à
„ l'État un brave guerrier, & au Roi d'Efpagne
„ un grand ennemi."

Ce difcours que j'ai extrait d'une rélation fort
curieufe, publiée dans le temps du procès & de la
mort du Maréchal de Biron, ajoute à l'étonnement
où jette toujours cet endroit de l'hiftoire de Henri.
On ne conçoit pas pourquoi il ne lui fit pas du

moins grace de la vie. Car de dire que cette fé-
vérité vint de ce que ce Prince fut piqué de l'obftination de Biron à lui nier tout, c'eft attribuer au
Roi le plus magnanime le procédé d'un principal
de college. Cette obftination étoit bien une raifon pour le livrer à la juftice, mais affurément ne
fuffifoit pas pour engager le Roi à faire exécuter
l'arrêt de mort. Il faloit, dit-on, un exemple.
Cela peut être, mais étoit-ce fur Biron que cet
exemple devoit tomber? D'ailleurs Biron jetté dans
une prifon perpétuelle, n'auroit-il pas fuffifamment
intimidé les faxieux? Que penfer de cette rigueur?
D'un côté il eft certain que la fureté de l'état ne
l'exigeoit point: de l'autre on ne fçauroit foupçonner Henri d'aucune animofité contre Biron. Il y
a dans toute cette affaire un miftere qu'aucun contemporain ne nous a dévoilé, & que vraifemblable-
ment la fagacité de nos critiques ne pénétrera jamais. Quoi qu'il en foit, il faut plaindre Biron,
mais plaindre encore plus Henri IV.

Je fuis bien éloigné de vouloir faire de l'hiftoire un répertoire d'anecdotes fcandaleufes. Cependant je ne fçaurois pardonner à Mr. de Buri, qui
entre dans tant de particularités fur les amours de
Henri IV. d'avoir non feulement diffimulé celles
de la Reine Marguerite, mais encore d'avoir tenté
de les rendre problématiques. Il fait entendre que
toutes les preuves qu'on a du défordre de fes mœurs,
fe réduifent *à fon averfion pour fon mari & au peu
d'effort qu'elle fit pour fe réunir avec lui: ce qui* (25) *ne
pouvoit manquer de donner lieu à des interprétations
defavantageufes de fa conduite.* De forte que Marguerite qu'on nous avoit peinte jufqu'ici comme
une Meffaline, n'étoit au fonds qu'une impruden-

(25) Tom. IV. pag. 12.

te, qu'on *doit blâmer feulement d'avoir vécu fi long-temps éloignée de fon mari.* Mr. de Buri croit-il donc pouvoir rétablir une réputation auffi délabrée que celle de cette Princeffe? Il faudroit un plus puiffant génie que le fien pour un pareil exploit. Mais, dit-il, *on l'a beaucoup accufée d'irrégularité dans fa conduite fans nous en donner des preuves abfolument convainquantes.* Hé! n'eft-ce donc rien que le témoignage unanime de tous les contemporains? Un feul hiftorien a-t-il élevé fa voix pour elle? Un feul s'eft il récrié contre la calomnie? De tant de gens de lettres qu'elle avoit à fa cour & à fes gages, en eft-il un qui ait loué cette partie de fes mœurs? Comment une Princeffe vertueufe auroit-elle paffé auprès de tout fon fiècle, je ne dis pas pour une femme tendre, vive, capable de quelques moments de foibleffe, mais pour une perfonne livrée à toutes les fureurs d'une paffion effrénée, impétueufe dans fes défirs, ardente à chercher tous les rafinements de la volupté? Le public ne fe trompe jamais jufqu'à ce point. Mais *on ne nous donne point de preuves abfolument convainquantes de fes défordres.* Frivole raifon. 1°. Ces défordres font de nature à n'avoir pas de témoins. En fecond lieu, on n'exige pas d'un hiftorien des témoins pris à ferment: *quis ab hiftorico juratos teftes exegit,* dit Ciceron. En troifième lieu, c'eft un fait certain, que les proteftants défolés de voir leur protecteur fans héritier, le fuplièrent fouvent d'y pourvoir : ce qui étoit indiquer au Roi une accufation d'adultère contre Marguerite: feul moyen connu parmi les proteftants d'alors pour caffer un mariage légitime. Et il n'eft pas moins certain que Henri l'auroit employé, fi la fuite des événements ne lui en avoit fourni un autre. Mr. de Buri affure que *les*

véritables caufes qui avoient donné à Marguerite de l'é-
loignement pour fon mari, ne font pas entiérement parvenues jufqu'à nous. Comment ces caufes nous feroient elles parvenues? Cette averfion de Marguerite n'a jamais exifté. Henri IV. n'étoit-il pas un
homme? Il eft vrai qu'elle auroit mieux aimé avoir
pour époux le fecond Duc de Guife que le Prince
de Béarn. Mais ce fut ce penchant même qui de
bonne heure infpira de *l'éloignement* pour elle à fon
mari. Car dès fes jeunes années elle promit d'être
ce qu'elle fut: & Charles neuf étoit fi perfuadé de
fon gout pour les plaifirs de l'amour, qu'il dit après
avoir figné le contrat : ,, En donnant ma fœur
,, Margot au Prince de Béarn, je la donne à tous
,, les huguenots du Royaume". Depuis, les co-
quetteries de Margot vinrent au point, que Henri
ne put décemment vivre avec elle; & de-là cette
longue féparation que Buri attribue à l'averfion de
la Princeffe pour Henri, & que tous les hiftoriens
attribuent au mépris de Henri pour elle. Ce qu'il
dit des dernières années de fa vie, n'eft pas plus
vrai. *Elle fe conduifit le refte de fes jours avec beau-*
coup de fageffe & de difcrétion: & elle ne donna que
des fujets de louer la régularité de fa conduite. Du-
Pleix, quoique fon Maître des requêtes, ne nous
en donne pas cette idée. Dans fa vieilleffe elle
eut des amants, elle fut dévote, elle fit un mélange bizarre des exercices publics de la piété avec
les voluptés fecrettes de l'amour, fort généreufe
envers les pauvres, mais fort injufte envers fes
créanciers, paffant les jours avec des Théologiens
ou des Philofophes, mais les nuits avec des hommes d'élite, participant quelquefois aux faints mis-
tères, mais les décriant dans l'occafion par des
épigrammes: ame noble, mais foible & inconfé-

quente ; capable des plus belles, des plus grandes
chofes , fi le temperament ne l'avoit entrainée
aux plus honteufes.   Enfin cette femme *fi régu-
lière* mourut accablée de dettes.

L'hiftorien qui écrit la vie particulière d'un Prince doit entrer dans des détails, que l'écrivain des
faftes d'une monarchie ne fçauroit fe permettre fans
avilir la majefté de l'hiftoire.   Mais cette maxime
ne juftifie point Mr. de Buri d'avoir fâli fon livre
de quantité de minuties indignes de l'attention &
du fouvenir d'un honnête homme, telles que les
quolibets de la populace contre les chefs de la Ligue, les froides plaifanteries de Henri & de Sulli
fur les étrennes de l'année 1606. les platitudes de
ce Prince & d'un Maître d'hôtel.   ,, Sire, Sire,
,, embraffez moi la cuiffe,(26) car j'aporte de bons
,, melons.   Voilà Parfait bien réjoui, dit le Roi.
,, cela lui fera faire un doigt de lard fur les côtes,
,, je veux manger aujourd'hui des melons tout mon
,, faoul."   Autant vaudroit écrire l'hiftoire de
Pierrot & de Colinette, que de copier de telles
chofes.   On aime à voir en deshabillé les Maitres
du monde, mais non à les voir fur la chaife percée.

Prefque tout le quatrieme volume eft plutôt l'histoire de Sulli que celle de Henri IV.   L'auteur obferve (27) *que la régence de Marie de Médicis ayant
été fort tumultueufe, on l'obligea de la quitter au bout
de fept années:* comme s'il étoit permis à un Français d'ignorer que la régence finit au moment où
la majorité commence.   Il foutient que Ravaillac
avoit des complices: & à l'objection qu'il fe fait,
que Ravaillac foutint toujours qu'il n'en avoit pas,

ii

(26) Tom. IV. pag. 79.
(27) Pag. 227.

il répond par cette abfurdité, *qu'il n'a pu donner con-*
noiffance de ceux avec lefquels il étoit en liaifon, qui
étant gens de néant avoient eu la facilité de s'abfenter,
ce qui lui fit foutenir jufqu'à la mort qu'il n'avoit au-
cuns complices, ne pouvant les indiquer. Mais dans
quel cerveau bien organifé peut-il entrer que Ravaillac n'eût pas dit, j'ai des complices, mais je
ne les ai jamais connus: ils m'ont fait féduire par
des gens de mon efpèce, qui après m'avoir com-
blé de promeffes ont difparu. Pour moi après avoir
mûrement examiné les différentes opinions fur les
auteurs de l'affaffinat de Henri IV. je crois qu'on
ne fçauroit tirer la moindre induction de la procédure faite contre Ravaillac. Car outre qu'il fut
permis à tout le monde & même au Jéfuite Coton
de lui parler, il eft vraifemblable que la procédure
ne fut faite que pour la forme, & que les perfonnes toutes-puiffantes qui avoient contribué à ce crime, eurent affez de crédit pour faire dire à Ravaillac tout ce qu'ils voulurent, ou pour faire dicter
par les commiffaires tout ce que Ravaillac ne dit
pas. Mais quelles étoient ces perfonnes? Concini
& fa femme, qui au raport de Sülli avoient *eu déjà*
l'audace d'ufer de menaces contre la perfonne de Henri,
& qui avoient d'étroites rélations avec le Miniftre
de l'Efpagnol confterné de voir déjà le Roi à la tête de cinquante mille hommes; le Duc d'Epernon
qui détefta toujours Henri, qui fut accufé par la
Defcomans d'avoir fuborné Ravaillac, & qui avoit
fi bien pris fes mefures, que la Reine fut déclarée
régente deux heures après l'affaffinat du Roi. Je
ne faurois me réfoudre à y comprendre Marie de
Médicis elle-même, quoique femme violente, ja-
loufe, féroce, iffue d'une maifon accoûtumée aux
forfaits, fans ceffe aiguillonnée à celui-ci par la

D

Galligaï, trop attachée à cette cérémonie du facre, pour n'être pas foupçonnée de l'avoir cru propre à rafermir fon autorité prochaine, tout au moins coupable *de n'avoir été*, comme le remarque le Préfident Hénault, *ni affez furprife ni affez afligée de ce tragique événement*: paroles pleines de fens, & qui font le commentaire de ce fait raporté par Buri, mais malheureufement fans citation de fon garant. Concini un des premiers inftruits de la mort du Roi, fe préfente à la porte du cabinet de la Reine, l'entr'ouvre, avance la tête, dit, *il eft tué*, la referme & fe retire. Tout le monde fçait que le teftament de mort dicté par Ravaillac, fut écrit de manière qu'il ne fçauroit être déchifré. (*p*) Le Greffier Voifin n'ofa fans doute écrire lifiblement d'affreufes vérités, qui fortoient toutes crues de la bouche de l'affaffin, & qu'aucun commiffaire ne perfectionnait, en les rédigeant. Il eft vraifemblable que Ravaillac n'ayant plus qu'un moment à vivre, n'eut plus rien à diffimuler. Mais d'où pouvoit partir l'infidélité du Greffier, finon de ce que le mourant lui dictoit des faits effrayants, & le

(*p*) On veut faire entendre que Ravaillac était l'inftrument dont la Reine s'était fervi. Si cela était, comment la Reine ne l'eût-elle pas fait évader pendant les deux jours qu'on le laiffa à l'hôtel de Retz & que tout le monde lui pàrloit? La Reine ne devoit-elle pas craindre qu'étant appliqué à la queftion il ne révélât fes inftigateurs & qu'on ne remontât jufqu'à elle? Cette feule réflexion à la fuite de tant d'autres ne détruit-elle pas entièrement les abominables foupçons que des hommes auffi légers que méchans fe plaifent encore à répandre. Le préfident de Thou, le Duc de Sulli lui-même avouent que la Reine éclatait en fanglots & fondait en larmes. Sulli dit qu'il n'a jamais rien vu de fi touchant. Un crime fi noir & fi réfléchi ne permet gueres les fanglots & les pleurs. Voyez la Juftification du préfident de Thou qu'on a jointe à ce petit ouvrage.

nom de perfonnes redoutables. Et quelles perfonnes un Greffier peut il redouter en tel cas, finon
celles que leur puiffance met au-deffus de la vengeance publique, & à portée d'exercer une vengeance particuliere? Si des grands feuls avoient
été nommés par Ravaillac, le Greffier auroit-il eu
pour eux ces ménagements? Qu'en eût-il apréhen-
dé? N'eût-il pas vu une entiere fûreté pour lui
dans l'autorité des loix, & dans celle de la Reine
douairière? Une autre réflexion, c'eft que Louis
XIII. fit affaffiner Concini & décapiter fa femme ;
qu'il traita fort durement Marie de Médicis & la
laiffa mourir de mifère à Cologne. N'eft-il pas
vraifemblable qu'on l'avoit fecrettement inftruit des
vrais auteurs du meurtre de fon pere, & que des
foupçons affreux endurcirent fon cœur contre tous
les mouvements de la nature? De plus, les illuftres
du temps qui nous ont laiffé des mémoires, tels que
le Duc de Sulli, font entendre que les complices
de Ravaillac étoient du plus haut rang. Pourquoi
aucun d'eux n'a-t-il ofé les nommer, ni même les
défigner? C'eft qu'on ne pouvoit les nommer ou
les défigner alors fans courir rifque de la vie. Aujourd'hui Mr. & Me. d'Ancre ne font plus: &
l'on peut reprocher à Marie quoiqu'innocente de
ne les avoir pas punis.

Mr. de Buri finit fon ouvrage par un recueil très-
mal fait de bons mots d'Henri IV. & par une comparaifon de ce Prince avec Philippe de Macédoine, qui reffembloit à Henri, comme Buri reffemble à Tite-Live.

Difons un mot du ftile fur lequel nos écrivains
fe négligent trop aujourd'hui. Celui de Mr. de
Buri eft lâche & trainant, point de coloris, point
de vie. Souvent même il n'eft pas français. Vous

y trouvez (28,) *avoir de l'exactitude à fon devoir*, (29) *une réfolution déterminée*, (30) *donner fes attentions au gouvernement*. Il dit que *Sixte-Quint invectiva la mémoire de Henri III*, que Henri IV. étoit (31) *naturellement miféricordieux*, expreffion confacrée à la Divinité: qu'il fut ordonné (32) *un plus ample informé* pour *un plus amplement informé*: que le *Roi fit à de Vic les plus grands accueils*: il y a là deux fautes. En parlant de Henri IV. & du Duc de Parme, il dit (33) *ces deux Princes*. Quand on réunit un Souverain & un fujet dans la même phrafe, la dénomination de *Prince* ceffe d'être commune à tous les deux: & qui diroit en parlant de Louis XV. & de Mr. de Beauveau, *ces deux Princes* fe font entretenus des affaires du Languedoc, diroit une grande fotife.

En ouvrant le tome quatrième j'y trouve ces phrafes étranges, (34) *Rofni en agiffoit ainfi, parce qu'il étoit fon ennemi, pour en ufoit ainfi.* (35) *Ces paroles toutes innocentes qu'elles étoient*, pour *tout innocentes*. *Il le crut coupable, pourquoi il le condamna*: ce barbarifme eft familier à l'auteur. (36) *Rofni fut furinttendant des finances*, pour *furintendant de fes finances*: (37) *il eft étonnant l'emmenfité de travail que faifoit ce Prince.* (38) *Villeroi & Sillery vinrent enfuite vers Rofni, de la même part, & n'en revinrent pas plus favans*: c'eft écrire en Allobroge. Et que dire de cette phrafe, (39) *Henri avoit donné & donna par la fuite encore de nouvelles preuves de fon amour pour Mademoifelle de Montmorenci: Mais il faut croi-*

(28) Préf. p. 19.
(29) T. I. p. 35.
(30) Page 328.
(31) Tom. III. pag. 108.
(32) Tom. III. pag. 422.
(33) Tom. II. pag 16.
(34) Pag. 22.)
(35) Pag. 27. (36) Pag. 60.
(37) Pag. 149.
(38) Pag. 33. (39) Pag. 102.

re qu'il auroit fait par la fuite de férieufes réflexions :
car elle n'avoit pas vingt ans, & d'ailleurs avoit beau-
coup de Vertus. Si l'on veut un modele de mauvais
ftile, le voilà.

Mr. de Buri a comme tous les auteurs fon mot
favori. Il a choifi celui d'*homme de mérite* qui auprès
de bien des gens ne fera pas le fien, & qui ne figni-
fie plus rien à force d'avoir été prodigué. Ce mot
reparoit à chaque page: (40) *Le Duc de Bouillon*
étoit un homme de mérite. (41) Coligni étoit un des
Seigneurs de la cour qui avoit *le plus de méri-*
te. A l'égard de Montmorenci, c'étoit un homme de
beaucoup de courage (42) *& de mérite.* (43) *Le Duc*
de Nevers étoit un Seigneur fort méritant. (44) *Clément*
VIII. étoit un Pape de beaucoup de mérite. (45) *Le*
Marquis de Pifani étoit un homme de beaucoup de mérite.
(46) *Le Cardinal de Médicis étoit auffi un homme de*
beaucoup de mérite. Le Maréchal de Matignon, le
Baron de Seneçai, Rambouillet étoient *auffi des*
gens de mérite. Voilà les traits mâles & variés dont
Mr. de Buri peint les contemporains de Henri IV.
Cela rappelle le mot de la Reine Chriftine, *ce Mr.*
Ménage connoit bien des gens de mérite.

Quant aux réflexions, elles font toutes de la profondeur de celles-ci: (47) *il fait bon quelquefois d'a-*
voir de la préfence d'efprit. (48) *La paffion empêche ordi-*
nairement de confulter la raifon. (49) *Les grands génies*
veulent tirannifer le bien par le mieux. Je n'entends
point cette derniere, & apparemment Mr. de Buri
ne l'entend pas plus que moi.

Nous fommes malheureux en hiftoriens. Nous

(40) Préf. Pag. 24.   (41) T. I. pag. 17. (42) Pag. 18.
(43) Tom. II Pag. 467. (44) Pag. 281.
(45) Tom. III. p. 13.   (46) Pag. 35.
(47) Tom. II. p. 64. (48) Tom. IV. p. 93. (49) Tom. IV. p. 59.

avons d'excellentes tragédies, des comédies parfai-
tes, des fables charmantes, des odes fublimes, un
poëme épique dont la France daigne s'honorer,
un roman encore plus épique & plus poétique que
ce poëme. Nos géomètres font profonds, nos mé-
taphificiens font clairs; nos chimiftes, nos anato-
miftes ont fait d'heureufes découvertes; nous a-
vons même des chefs-d'œuvre d'éloquence, &
nous n'avons pas en notre langue un bon hiftorien,
pas un morceau de notre hiftoire qui foit fuporta-
ble. Car les difcours de Boffuet & ceux de Voltaire fur l'Hiftoire univerfelle, font plutot des ef-
quiffes de tableaux que des ouvrages d'hiftoire.
D'ailleurs dans l'un de ces peintres fublimes, on
retrouve trop fouvent le théologien, & dans l'autre trop fouvent le poëte.

Mais puifque nous ne pouvons guere nous flat-
ter d'avoir un Tite-Live, un Sallufte, un Tacite,
fur tout en ce fiecle, où l'efprit français femble
être tombé dans une efpèce d'épuifement, nous
devrions du moins tâcher d'avoir enfin une bonne
hiftoire de la monarchie. Les Anglois ont déja
les matériaux d'un corps d'hiftoire de leur pays,
grace aux travaux de Thomas Carte & de Rapin
Thoiras, dont l'un a fait le dépouillement de toutes les anciennes chartes, & l'autre l'extrait de
l'immenfe collection des actes de Rimer. Il ne
leur manque plus qu'une main habile, qui mette
en œuvre ces matériaux, plus judicieufement que
ne l'a fait Mr Hume, dont la grande réputation
en qualité d'hiftorien prouve que le public eft en-
clin à recompenfer les efforts en ce genre; des
mêmes aplaudiffements que les fuccès.

Pour avoir une hiftoire générale du Royaume,
ou du moins quelques hiftoires particulières de

nos plus grands Rois, il faudroit établir une Société littéraire, qui fût uniquement occupée de ces objets.

Cette Société auroit le titre d'*Académie d'histoire de la patrie;* titre qui la rendroit chère à la nation.

Elle seroit partagée en deux classes, l'une d'Académiciens, l'autre de correspondans.

Le gros de la premiere classe résideroit à Paris, où sont le trésor des chartes, les plus anciens cartulaires, les plus amples cabinets de médailles modernes, les collections des plus rares manuscrits & les plus nombreuses bibliothèques.

Ceux qui se dévoueroient aux pénibles fonctions d'Académiciens, renonceroient à toute autre Académie & à toute autre occupation.

Ils seroient pensionnés proportionnément à leur travail, non par l'Etat, mais du produit des mémoires de l'Académie. C'est de la composition des almanacs, qui produit un revenu annuel de cent mille francs, que sont pensionnés les Académiciens de Berlin.

Les correspondants qui auroient donné quelque ouvrage historique adopté par l'Académie, acquerroient le titre d'Académiciens, sans être tenus de résider à Paris.

Les Académiciens pourroient avoir pour marque d'honneur un cordon, au bas duquel pendroit une médaille d'or, dont un côté représenteroit la France & l'autre le génie de l'histoire.

Un des statuts de l'Académie seroit qu'une fois établie par des lettres-patentes, elle ne se mettroit sous la protection d'aucun Prince. Par-là elle se garantiroit de toute influence de la cour sur les élections de ses membres.

D 4

Le produit réfultant du débit des ouvrages de l'Académie, formeroit un fonds fufifant, tant pour penfionner les affociés indigens & laborieux que pour former une bibliothèque, & fournir aux fraix d'achat d'une falle d'affemblée, & autres dépenfes néceffaires pour la correfpondance.

Les correfpondants feroient tenus d'envoyer réguliérement à l'Académie un mémoire de tout ce qui feroit arrivé de remarquable durant l'année dans leur ville ou dans leur province.

Tel devroit être à-peu-près le regime de la Société dont je donne le projet; elle feroit bientôt oublier fes ainées.

AVIS AU LECTEUR.

La pièce qu'on vient de lire paroit aujourd'hui pour la première fois; la fuivante a déja été imprimée: mais elle a tant de raport avec la précédente; elle vient d'une main fi célèbre; elle eft écrite avec tant de gout, & enrichie d'anecdotes fi prétieufes, que nous croyons qu'on nous faura gré de la remettre fous les yeux du public.

Le Préfident DE THOU *juftifié contre les accufations de* M. DE BURI, *Auteur d'une Vie de* HENRI IV.

TOUT homme de Lettres, tout bon Français doit être étonné & affligé de voir notre illuftre Préfident de Thou indignement traité dans la Préface que M. de Buri a mife au-devant de fon Hiftoire de la Vie de Henri IV. Voici comme il s'exprime sur un des plus Grands Hommes que nous ayons jamais eus dans la Magiſtrature & dans les Lettres.

„ L'Hiſtoire, dit-il, ne doit point être un re-„ cueil de bons mots & d'Epigrammes, encore „ moins de ſatyres & de médiſances, auxquels ſe „ livrent les Hiſtoriens qui veulent donner de l'eſ-„ prit, & le font ſouvent aux dépens de la vérité. „ Nous avons beaucoup d'Ecrivains qui ont ac-„ quis leur principale réputation par le mal qu'ils „ ont affecté de dire des Princes & des particu-„ liers, tels ſont entre autres de Thou & Meze-„ rai, Ecrivains recherchés par les médiſances „ qu'ils ont répandues dans leurs ouvrages, parce „ que beaucoup de perſonnes s'imaginent que ce „ ſont des actes de vérité."

Il faudroit au moins ſavoir parler ſa Langue lorſqu'on oſe cenſurer ſi durement un Hiſtorien qui a écrit auſſi purement que le Préſident de Thou, dans une Langue étrangère. On ne dit point *donner de l'eſprit* tout court; on dit donner de l'eſprit à ceux que l'on fait parler, & pour cela il faut en avoir. Cette expreſſion *donner de l'eſprit*, n'eſt pas françaiſe. On ne dit point *des actes de vérité*, comme on dit des actes de Foi, de Charité, de Juſtice.

„ La plûpart des Auteurs, continue-t-il, „ ont voulu imiter Tacite, dont le ſtile a gâté „ beaucoup d'Hiſtoriens par la malignité de ſes „ réflexions, qui n'ont rien de naturel, ni d'in-„ nocent".

Il auroit dû voir que le ſtile n'a rien de commun avec la malignité des réflexions, on peut avoir un bon ou un mauvais ſtile, ſoit qu'on faſſe une ſa-tyre, ſoit qu'on faſſe un panégyrique. Et *une ma-*

D 5

lignité qui n'a rien d'innocent, eſt aſſurément une phraſe qui n'a rien de ſpirituel.

Eſt-il permis à un homme qui écrit ainſi, de reprocher à M. de Thou *du pédantiſme?* Il le condamne, ſur-tout parce qu'il a écrit en Latin. Ne ſait-il pas que du tems de M. de Thou le Latin étoit encore la langue univerſelle des Savants. Le Français n'était pas formé; il falloit écrire en Latin pour être lu de toutes les Nations.

Une telle Préface révolte tout honnête homme; & lorſqu'on voit enſuite l'Auteur parler de lui-même, en commençant la Vie de Henri IV, & dire qu'il a déjà donné au Public la Vie de Philippe de Macédoine, on voit que ce pédant de Thou, qui peut-être étoit en droit, par ſon rang & ſon mérite, d'oſer parler de lui dans ſon admirable Hiſtoire, n'a pourtant point eu un *pédantiſme* ſi déplacé.

Le ſieur de Buri ne devoit ni ſe citer ainſi luimême, ni inſulter un grand homme, mais il devoit mieux écrire.

„ Son courage, dit-il, en parlant d'Henri IV, „ étoit preſque au-deſſus de l'humanité. Il eſt tou„ jours ſorti des occaſions périlleuſes, victorieux „ & avec avantage".

Le terme d'*humanité* fait ici une équivoque qui n'eſt pas permiſe. Et quand on ſort *victorieux* d'une action périlleuſe, apparemment qu'on en ſort auſſi avec *avantage*. Ce n'eſt pas là le ſtile du *pédant de Thou.*

Je ne remarque ces fautes, dans le début de cette Hiſtoire, que pour faire voir combien il eſt indécent à un homme qui écrit ſi mal, de ſe déchaîner contre le plus éloquent de nos Hiſtoriens. Je ne parlerai point des fautes de langage qui ſont en trop grand nombre dans cet Ouvrage, je paſſe à des objets plus importans.

L'Auteur remonte jusqu'à la mort de François
I, & dit que ce Monarque laissa dans son tréfor
quatre millions d'especes. Je ne veux point trop
blâmer ici l'usage où font tant d'Auteurs de répéter ce que d'autres ont dit; mais il faut au moins
s'expliquer d'une maniére intelligible. Quatre millions d'espèces ne signifient rien. *Le pédant de Thou*
nous apprend que François I. laissa quatre cents
mille écus d'or, outre le quart des revenus, dont
le recouvrement n'étoit pas encore fait, ce qui
ne compose point quatre millions d'especes, mais
seize cents mille livres numériques, à trois livres l'écu d'or.

Venant ensuite à la paix de Cateau-Cambresis,
faite avec Philippe II, l'Auteur dit, (50) *qu'on
rendit les conquêtes de part & d'autre, excepté Metz,
Toul & Verdun.* On croirait, par cet énoncé, que
Henri II. avoit pris Metz, Toul & Verdun sur
Philippe; mais il les avait prises sur l'Allemagne,
& il n'en fut point du tout question dans le traité
de Cateau-Cambresis.

Il est bien étrange que dans la vie de Henri IV.
on parle des batailles de Jarnac, de Moncontour,
& de la S. Barthelemi, avant de parler de la naif-
sance de ce Prince, de son éducation, & de la
part qu'il eut à tous ces événemens; & il est encore plus étrange que l'Auteur en revenant sur ses
pas & en parlant de la St. Barthelemi, ne nomme
aucun de ceux qui étoient alors auprès de Henri
de Navarre, & qui se cachèrent jusques sous le
lit de la Princesse Marguerite, sa femme. Il ne
parle point de ceux qui furent égorgés entre ses
bras. La réticence sur des faits si intéressans, n'est
pas pardonnable.

(50) Tom. I. p. 13.

Il eſt encore plus répréhenſible de ne pas dire que Henri IV. étant gardé à vue après la S. Barthelemi, changea de Religion. C'eſt un fait ſi important, & le nom de relaps qu'on lui donna depuis, ſuſcita contre lui tant d'ennemis, & fut pour eux un prétexte ſi ſpécieux, qu'il eſt impoſſible de ſe faire une idée nette des traverſes qu'il eſſuya, quand on omet ce qui en a été le principe ; c'eſt pécher contre la principale loi de l'Hiſtoire. Il eſt vrai que quarante pages après, il dit un mot qui ſuppoſe cette abjuration de Henri IV. Mais un mot qui n'eſt pas à ſa place ne ſuffit pas; *Et jam nunc dicat, jam nunc debentia dici.*

Je paſſe bien des fautes de cette eſpèce pour arriver à la mort du Prince Henri de Condé en 1588. On ne trouve que cinq ou ſix lignes ſur ce fatal événement. Henri IV, alors Roi de Navarre, n'étoit qu'à quelques lieuës de S. Jean d'Angeli où le Prince Henri de Condé étoit mort. Les lettres qu'il écrivit ſur cette mort ſont un des plus précieux monuments de l'Hiſtoire, elles ſont connues, elles ſont authentiques; on en a déjà imprimé quelques - unes; je tranſcrirai ici les principales, puiſque l'Auteur de la Vie de Henri IV n'en rapporte pas un ſeul mot.

Lettre de Henri IV à Coriſande d'Andoin, Comteſſe de Grammont.

,, Pour achever de me peindre, il m'eſt arrivé ,, un des plus extrêmes malheurs que je pouvois ,, craindre, qui eſt la mort ſubite de M. le Prin- ,, ce ; je le plains comme ce qu'il me devoit étre, ,, non comme ce qu'il m'étoit. Je ſuis à cette heu- ,, re la ſeule butte où viſent tous les perfides de

,, la Meſſe. Ils l'ont empoiſonné les traitres ; ſi
,, eſt ce que Dieu demeurera le maître, & moy,
,, par ſa grace, l'exécuteur. Ce pauvré Prince,
,, non de cœur, jeudi ayant couru la bague, ſou-
,, pa ſe portant-bien : à minuit lui prit un vomiſ-
,, ſement qui lui dura juſqu'au matin ; tout le ven-
,, dredi il demeura au lit, le ſoir il ſoupa, & a-
,, yant bien dormi, il ſe leva le ſamedi matin, dî-
,, na debout & puis joua aux échecs ; il ſe leva
,, de ſa chaiſe, ſe mit à ſe promener par ſa cham-
,, bre, déviſant avec l'un & avec l'autre : tout
,, d'un coup il dit, baillez moi ma chaiſe, je
,, ſens une grande foibleſſe ; il ne fut pas aſſis,
,, qu'il perdit la parole, & ſoudain après il rendit
,, l'ame aſſis. Les marques du poiſon ſortirent
,, ſoudain ; il n'eſt pas croyable l'étonnement que
,, cela a porté en ce Pays-là. Je pars dès l'aube
,, du jour pour y aller pourvoir en diligence. Je
,, me vois bien en chemin d'avoir bien de la pei-
,, ne, priez Dieu hardiment pour moy ; ſi j'en é-
,, chape, il faudra bien que ce ſoit lui qui me gar-
,, doit, dont je ſuis peut-être plus près que je ne
,, penſe, je vous demeurerai fidele eſclave. Bon
,, ſoir, mon ame, je vous baiſe un million de fois
,, les mains."

Mars 1588.

,, Il m'arriva hier, l'un à midi, l'autre au ſoir,
,, deux couriers de S. Jean ; le premier nous dit,
,, comme Belcaſtel, Page de Madame la Princeſſe
,, & ſon valet de chambre, s'en étaient fuis ſou-
,, dain, après avoir cru mort leur maître, avaient
,, trouvé deux chevaux valant deux cens écus, à
,, une hôtellerie du faubourg, que l'on y tenait il
,, y avait quinze jours : & avaient chacun une ma-

„ lette pleine d'argent. Enquis l'hôte, dit que
„ c'était un nommé Brillant qui lui avoit baillé les
„ chevaux, & lui allait dire tous les jours qu'ils
„ fuffent bien traités; que s'il baille aux autres
„ chevaux quatre mefures d'avoine, qu'il leur en
„ baille huit; qu'il payerait auffi le double. Ce
„ Brillant eft un homme que Madame la Princef-
„ fe a mis dans la maifon & lui faifoit tout gou-
„ verner. Il fut foudain pris, confeffe avoir bail-
„ lé mille écus au Page & lui avoir acheté fes che-
„ vaux, par le commandement de fa Maîtreffe
„ pour aller en Italie. Le fecond confirme & dit
„ de plus qu'on avoit fait écrire par ce Brillant au
„ valet de chambre, qu'on favait être à Poitiers,
„ par où il lui mandait être à deux cens pas de la
„ porte, qu'il voulait parler à lui. L'autre fortit
„ foudain, l'embufcade qui était là le prit & fut
„ mené à S. Jean. Il n'avoit encore été ouï; mais
„ difoit-il à ceux qui le menoient, ha! que Ma-
„ dame eft méchante! que l'on prenne fon Tail-
„ leur; je dirai tout fans gêner, ce qui fut fait.

„ Voilà ce qu'on a fait jufqu'à cette heure. Je
„ ne me trompe guères en mes jugements; c'eft
„ une dangereufe bête qu'une mauvaife femme.
„ *Tous ces empoifonneurs font Papiftes*; voilà les inf-
„ tructions de la Dame. J'ai découvert un tueur
„ pour moy, Dieu m'en gardera & je vous en
„ manderai bientôt davantage. Les Gouverneurs
„ & les Capitaines de Taillebourg ont envoyé deux
„ foldats & écrit qu'ils n'ouvriraient leur place
„ qu'à moi, dequoi je fuis fort aife. Les Ennemis
„ les preffent, & ils font fi empreffés à la vérifica-
„ tion de ce fait, qu'ils ne leur donnent nul em-
„ pêchement; ils ne laiffent fortir homme vivant
„ de S. Jean que ceux qu'ils m'envoyent. M. de la

„ Trimouille y eſt lui vingtième ſeulement. L'on
„ m'écrit que ſi je tardois beaucoup, il y pourrait
„ avoir beaucoup de mal & grand ; cela me fait
„ hâter, de façon que je prendrai vingt maîtres &
„ moy & irai jour & nuit pour être de retour à
„ Sainte Foy à l'aſſemblée. Mon ame, je me por-
„ te aſſez bien de corps, mais fort affligé de l'eſ-
„ prit; aimez - moy & me le faites paroître ; ce
„ me ſera une grande conſolation; pour moi je
„ ne manquerai point à la fidélité que je vous ai
„ vouée: ſur cette vérité, je vous baiſe un mil-
„ lion de fois les mains."

D'Aimet, Mars 1588.

„ J'arrivai hier au ſoir au lieu de Pons où il
„ m'arriva des nouvelles de S. Jean par où les ſoup-
„ çons croiſſent du côté que les avis peu juger. Je
„ verrai tout demain; j'appréhende fort la vue des
„ fideles ſerviteurs de la Maiſon; car c'eſt à la vé-
„ rité le plus extrême deuil qui ſe ſoit jamais vû.
„ Les Prêcheurs Romains prêchent tout haut dans
„ les Villes d'ici à l'entour, qu'il n'y en a plus
„ qu'une à voir, canoniſent ce bel acte & celui qui
„ l'a fait, admoneſtent tout bon Catholique de
„ prendre exemple à une ſi chrétienne entrepriſe,
„ & vous êtes de cette Religion ! Certes, mon
„ cœur, c'eſt un beau ſujet & notre miſere pour
„ faire paroître votre piété & votre vertu, n'at-
„ tendez pas à une autre fois à jetter ce froc aux
„ orties; mais je vous dis vrai. Les querelles de
„ M. d'Epernon avec le Maréchal d'Aumont &
„ Grillon, troublent fort la Cour, d'où je ſaurai
„ tous les jours des nouvelles & vous les mande-
„ rai. L'homme de qui vous a parlé Briſqueſiere
„ fait de méchants tours que j'ai ſçu & avéré de-

„ puis deux jours. Je finis là, allant monter à
„ cheval; je te baife, ma chère Maîtreffe, un
„ million de fois les mains."

17 *Mars* 1588.

Voilà des monumens précieux, abfolument néceffaires à un Hiftorien qui doit s'inftruire avant
que d'inftruire le public. Ce n'eft pas la peine de
répéter des faits rebattus, & de tranfcrire fans
choix les Mémoires compofés par les Secrétaires
du Duc de Sulli, & trop corrigés par l'Abbé de
l'Eclufe. Qui n'a rien de nouveau à dire, doit fe
taire, ou du moins fe faire pardonner fon inutilité
par fon éloquence.

Il faut fur-tout, quand on répete, ne fe pas
tromper. L'exactitude doit venir au fecours de
la ftérilité.

L'auteur s'exprime ainfi fur le Prince Palatin
Cafimir, qui vint plufieurs fois faire la guerre en
France: (51) „ on donna au Prince Cafimir, pour
„ le renvoyer dans fes Etats, une fatisfaction tant
„ en argent qu'en préfents".

Ce Prince Cafimir ne put être renvoyé dans fes
Etats, car il n'en avait point. Il étoit le quatrième fils de Fréderic III. Electeur Palatin; mais c'é-
tait un Prince entreprenant & courageux, qui of-
frait fes fervices à tous les partis qui difolaient
alors la France. Le Roi Henri III lui avait donné une compagnie de cent hommes d'armes, le
Duché d'Etampes & des penfions. Voilà le Prince que Mr. de Bury nous donne pour un Souverain, dans une hiftoire où il veut réformer tous
ceux qui ont écrit avant lui.

On

(51) Tom. I. pag. 86.

On fait que le Pape Sixte V eut l'infolence d'en-voyer en 1589 un monitoire par lequel il ordon-noit au Roi de fe rendre à Rome dans trente jours pour fe juftifier de la mort du Cardinal de Guife; l'Auteur dit: (52) ,, que le Roi fut cité à com-,, paroître dans trente jours à Rome.

Il femble par cette expreffion que Sixte-quint ait écrit ce monitoire en français & qu'il fe foit fervi du langage de notre barreau. Il étoit écrit en latin felon l'ufage de Rome. L'auteur devoit fe fervir du mot de *comparoître* pour lever cet é-quivoque.

L'Auteur, après l'affaffinat de Henri III par le Jacobin Jacques Clément, ne devoit pas omettre l'arrêt que porta en perfonne Henri IV contre le cadavre du Moine, & l'interrogation faite par le grand prévôt de l'Hôtel au Procureur Général La-guefle qui avoit introduit cet affaffin. Lorfqu'on fait une hiftoire de Henri IV en quatre volumes; un fait auffi fingulier ne doit pas être paffé fous filence. Nous avons encore le Procès criminel fait au cadavre. Il commence par le paffeport donné à Jacques Clément par le Comte de Brienne de la Maifon de Luxembourg, & eft figné Charles de Luxembourg, du 29 Juillet 1559, & plus bas, par mondit Seigneur, de Geoffre.

Les Interrogatoires & Confrontations font fi-gnés, François du Pleffis, Seigneur de Richelieu, grand Prevôt de l'Hôtel, de la Guefle, du Mont, Monciries, Gentilhomme ordinaire de la Cham-bre, d'Aupou, *item*, Roger de Bellegarde, pré-mier Gentilhomme de la Chambre & grand Écu-yer, Savari de Bonrepos, Gentilhomme ordinai-re, Antoine Portail, Valet de Chambre & Chi-

(52) Tom. I. pag. 287.

E

rurgien du Roi. L'arrêt *figné* Henri, & plus bas Ruzé, le 2 Août 1589, eft conçu en ces termes.

Le Roi étant en fon Confeil, après avoir ouï le rapport fait par le Sieur de Richelieu, Chevalier de fes Ordres, Confeiller en fon Confeil d'Etat, Prevôt de fon Hôtel & grand Prevôt de France, du Procès fait au corps mort de feu Jacques Clément Jacobin, pour raifon de l'affaffinat commis en la perfonne de feu bonne mémoire Henri de Valois n'aguères Roi de France & de Pologne. Sa Majefté de l'avis de fondit Confeil, a ordonné & ordonne que ledit corps dudit Clément foit tiré à quatre chevaux; ce fait, ledit corps brûlé & mis en cendres, jettées en la rivière, à ce qu'il n'en foit à l'avenir aucune mémoire. Fait à St. Cloud, Sadite Majefté y étant.

Un homme qui fait une Hiftoire de Henri IV. après de Thou, Mezerai, Daniel & tant d'autres, doit au moins puifer quelque chofe de nouveau dans les fources. Et ce n'eft pas la peine d'écrire quand on ne fait que répéter & tronquer fans ordre & fans liaifon des faits connus de tout le monde.

Ce qui fait peine encore dans cette Hiftoire, c'eft que les événements n'y font prefque jamais à leur place. On y parle fouvent de faits dont on n'a précédemment donné aucune idée; le Lecteur ne fait point où il en eft, il fe trouve continuellement égaré; en voici un exemple:

En parlant de la mort du Duc d'Anjou dernier fils du Roi Henri II, (53) l'Auteur s'exprime ainfi; ,, le bruit courut qu'il avoit été empoifonné, ,, mais la véritable caufe de fa mort fut le chagrin ,, qu'il avoit conçu, du mauvais fuccès de fes en,, treprifes & en dernier lieu de celle d'Anvers.

(53) Tom. I. p. 142.

Mais par qui & pourquoi auroit-il été empoisonné; Quelles étaient ses entreprises? Quelle était celle d'Anvers? C'est ce que l'Auteur ne dit pas; & c'est sur quoi de Thou & Mezerai, que l'Auteur méprise si fort, donnent de grandes lumières.

,, (54) Le Légat voyant une armée victorieuse ,, près de Paris." Quel étoit ce Légat? il étoit important de le savoir, l'Auteur n'en dit qu'un seul mot dans le 1er. tome. Il devait dire que Sixte-Quint envoya en France le Cardinal Caëtan avec le Jésuite Bellarmin & Panigarole, & que tous trois étaient vendus à Philippe II; qu'il arriva à Lyon le 9. Novembre 1589; Que Henri IV. en le déclarant son ennemi, & en protestant de nullité contre toutes ses entreprises, eut la générosité & la prudence de le faire recevoir avec honneur dans toutes les Villes qui lui obéissaient. Il falait surtout dire que ce Légat dont le Duc de Mayenne se défiait autant que Henri IV, cabalait alors, c'est-à-dire en 1590, pour faire donner le Royaume de France à l'Infante Claire Eugenie.

Les Etats de la Ligue tenus en 1593, furent l'époque la plus célèbre & la plus critique qu'on eût vue en France depuis les temps de Philippe de Valois & de Charles VI. Il s'agissait non-seulement d'abolir la Loi Salique, comme sous le règne de Philippe, mais de placer une fille sur le Trône, & même une fille étrangère. Philippe II promettait cinquante mille hommes pour soutenir l'élection de l'Infante Claire Eugenie qui devait épouser le fils du Duc de Guise le Balafré, tué à Blois.

Le Duc de Mayenne qui avait alors dans Paris la puissance d'un Roi de France, sans en avoir le ti-

(54) Tom. II. p. 32.

E 2

tre, alloit perdre tout le fruit de la guerre civile &
devenir le premier Sujet de fon Neveu dont il était
jaloux.

Henri IV., fans argent & prefque fans armée,
ayant contre lui les Catholiques, & environné de
factions, n'aurait pu réfifter, probablement, aux
tréfors & aux armes de Philippe II, le plus puiffant Monarque de l'Europe. Le Duc de Mayenne
fauva la France en ne confultant que fes propres
intérêts & fa jaloufie contre le jeune Duc de Guife. Il était trop Roi dans Paris, pour ne pas empêcher qu'on lui donnât un Roi. Maître du Parlement de la Ligue fiégeant à Paris, il eft très vraifemblable qu'il engagea fous main ce Parlement à
rompre les mefures des Efpagnols, à protefter contre l'élection d'une Infante, à foutenir la Loi Salique. Ce fut principalement ce qui déconcerta les
États.

Le Préfident de Thou ne defcend pas fans doute
jufqu'à rapporter ces Harangues baffes & ridicules
de la Satyre Ménipée, au lieu de rapporter la fubf-
tance de ce qui fut en effet propofé. Il eft trop
grave, trop fage, trop inftruit, pour dire que la
Satyre Ménipée *ouvrit les yeux à beaucoup de perfonnes*, & contribua *à faire rentrer* dans leur devoir
une partie de ceux qui s'en étaient écartés.

C'eft bien mal connaitre les hommes, que de prétendre qu'une Satyre empêche des hommes d'État
de pourfuivre leurs entreprifes.

Il eft très certain que la Satyre Ménipée ne parut point pendant la tenue des Etats; elle ne fut
connue qu'en 1594, plufieurs mois après l'abjuration du Roi. La première Edition fut commencée
fur la fin de l'année 1593, & ne fut achevée que
quand le Roi fut entré dans Paris. Cela eft incon-

teftable, puifque tout l'Ouvrage ne fut achevé &
ne put l'être qu'en 1594; car il y eft parlé de plufieurs faits qui ne fe paffèrent que longtems après
la diffolution des Etats, comme l'aventure du Confeiller d'Amour, celle de Mr. Vitri, du banniffement de d'Aubray & du meurtre de S. Pol.

Mr. de Buri croit s'appuyer de l'Abregé Chronologique du Préfident Hainaut, qui dit que la Sa-
tire Ménipée ne fut guère moins utile à Henri IV.
que la bataille d'Ivry; mais il ajoute *peut-être*, &
il fait très-bien.

Ce qui réellement porta le dernier coup aux E-
tats, & ce qui mit Henri IV. fur fon Trône, ce
fut le parti qu'il prit d'abjurer; & c'était en effet
le feul parti qui reftât à fa politique. Le mot fi
célèbre de ce Monarque, *ventre-faint-gris*, *Paris
vaut bien une Meffe*, eft une plaifanterie fi connue,
& en même tems fi innocente, fur tout dans un
tems où la liberté des expreffions était extrême,
que l'Auteur n'a aucune raifon de nier cette faillie
de Henri IV. Il faudrait pour être en droit de la
nier, raporter quelque autorité contraire, & il
n'en produit, ni n'en peut produire aucune.

La fameufe Lettre de Henri à Gabrielle d'Etrées,
confervée à la Bibliothèque du Roi, eft un monument qui confond affez la Critique de Mr de Bury.
Ces mots, *c'eft demain que je fais le faut périlleux;
ces gens-ci me feront haïr St. Denis autant que
vous haïffez Monceaux &c.* font plus forts que ceux-
ci, *Paris vaut bien une Meffe*; & fon apologie auprès de la Reine Elifabeth achève de mettre dans
tout fon jour le véritable motif de ce grand événement.

Il fe fait apparemment un mérite de copier ici le
Jéfuite Daniel, qui dit qu'au tems des conférences

de Surênes, Henri IV. *était déja catholique dans le cœur.* Mais comment pouvait-il être catholique dans le cœur en ce tems-là, puifque pendant le Siége de Paris, qui précéda de très-peu ces conférences, le Comte de Soiffons l'étant venu affurer qu'il ferait reçu dans la Ville s'il fe faifait catholique, il lui répondit deux fois, *qu'il ne changerait jamais de religion.* Ce fait eft attefté dans plufieurs Mémoires, & fur-tout dans le Difcours *des chofes plus notables arrivées au fiége de Paris, & de la défenfe de cette Ville par Monfeigneur le Duc de Nemours contre le Roi de Navarre.* N'eft-il pas bien évident, que Henri IV. ne voulut pas changer tant qu'il efpéra de fe rendre maître de la Ville, & qu'il changea enfin lorfque le Duc de Parme eût fait lever le fiége? Il faut avouer que le Duc de Parme fut fon véritable convertiffeur. La vérité doit l'emporter fur les fubterfuges du Jéfuite Daniel.

Mr. de Buri ne fe trompe pas moins en difant que *le Cardinal Tolet fut celui auquel Henri eut le plus d'obligation de l'abfolution du Pape.* C'eft fans doute à fon épée & à la dextérité du Cardinal d'Offat que ce héros en eut toute l'obligation, & non pas à un Jéfuite Efpagnol qui fervit fort peu dans cette affaire & qui n'employa fon faible crédit que dans la vue d'obtenir le rappel des Jéfuites, chaffés alors de France par arrêt du Parlement. Car l'abfolution inutile & arrachée au Pape Clément VIII. eft du 17 Septembre 1595, & le banniffement des Jefuites eft du 29 Décembre 1594.

Remarquez que je dis ici abfolution inutile, parce que Henri IV. avait été abfous par les Evêques de fon Royaume, parce qu'il était abfous par Dieu même; parce que la prétention du Pape que Henri ne pouvait être légitime poffeffeur de fon Royau-

me, que fous le bon plaifir ultramontain, était la
prétention la plus abfurde & la plus attentatoire à
tous les droits d'un Souverain & à tous ceux des
Nations.

N'eſt-on pas un peu révolté quand on voit que
Mr. de Buri ne parle pas feulement de la claufe
qui fut inférée, un mois entier dans l'abfolution
donnée par le Pape Clément VIII: *Nous réhabili-
tons Henri dans ſa Royauté.*

Certes ce ne fut pas le Cardinal Tolet qui fit
rayer cette formule criminelle digne tout-au-plus
de Grégoire VII. ou de Boniface VIII. & dont la
feule lecture nous faifit d'indignation. *Nous réha-
bilitons Henri dans ſa Royauté!* Quoi? un Evèque
de Rome fe croit en droit de donner & d'ôter les
Royaumes! & l'Europe entiére n'a pas puni ces at-
tentats! & un Ecrivain qui donne la vie de Henri
IV. les fuprime!

(55) Mr de Bury dit que les Ecrivains Huguenots raportaient par dérifion que Henri s'était foumis à recevoir des coups de fouet par procureur.
Ce ne font point les Huguenots qui ont parlé ainfi
les premiers, c'eſt Mezerai lui-méme, dont voici
les paroles: *Les Politiques reprochèrent au Cardinal
du Perron, que pour mériter la faveur du Pape il a-
vait foumis fon Roi à recevoir des coups de bâton par
procureur.*

Du Perron pouvait épargner au Roi cette cérémonie, mais il voulait être cardinal. Les Evèques
de France qui avaient reçu l'abjuration du Roi,
n'avaient eu garde de propofer cette efpece de pénitence, qui aurait été regardée dans un tems plus
heureux comme un crime de Lèze Majefté; à plus
forte raifon un Evèque de Rome n'avait pas le

(55) Tom. II. Pag. 431.

E 4

droit de faire cette infulte à un Roi de France.

Une chofe plus importante eft le parricide commis par Jean Chatel, pour lequel les Jéfuites avaient été chaffés.

(56) „ La maifon du pere de Chatel fut rafée,
„ & le prix des démolitions fut employé à la con-
„ ftruction fur le terrein où elle était fituée, d'u-
„ ne pyramide à quatre faces, avec plufieurs in-
„ fcriptions à la louange du Roi, & fur le danger
„ qu'il avait couru. Cette affaire des Jéfuites pen-
„ fa caufer au Roi de grands embarras à Rome.

Premiérement, il n'eft pas vrai que la pyramide érigée par arrêt du Parlement, ne contînt que des louanges pour le Roi, & des infcriptions fur fon danger, comme l'Auteur l'infinue. On grava fur le côté qui regardait l'Orient ces propres mots.

Pulfo tota Gallia hominum genere novæ ac maleficæ fuperftitionis, qui Rempublicam turbabant, quorum inftinctu piacularis adolefcens facinus inftituerat.

On a chaffé de toute la France ce genre d'hommes. d'une fuperftition nouvelle & pernicieufe ; perturbateurs du Royaume, pour avoir induit un jeune homme à commettre un parricide par pénitence.

Ce mot *pénitence* répond précifément à *piacularis*, & devient par-là un des plus finguliers monuments qui puiffent fervir à l'hiftoïre de l'efprit humain.

On ne fort point d'étonnement de voir que l'Auteur appelle le parricide commis contre Henri IV, *cette affaire des Jéfuites*. C'eft affurément une fingulière affaire.

Je paffe enfin au grand & terrible événement qui priva la France du meilleur de fes Rois, & qui changea la face de l'Europe. Je ne vois pas fur quoi Mr. de Bury rapporte que dès que Conchini,

(56) Tom. II. Pag. 414.

depuis Maréchal d'Ancre, fut la mort de Henri IV, il fe préfenta à la porte du cabinet de la Reine, l'entr'ouvrit, avança la tête & dit, *è amazzato*, la ferma & fe retira.

On fent la valeur de ces paroles, & les affreufes conféquences d'un pareil difcours. Entr'ouvrir la porte, dire fimplement *il eft tué*, & le dire à la Reine; à la femme du mort: prononcer, dis-je, *il eft tué*, fans prononcer le nom du Roi, comme fi le pronom *il* avait été un terme convenu entr'eux, refermer la porte fur le champ, comme pour aller pourvoir aux fuites de l'affaffinat! Quelles conféquences, quels crimes n'en réfultent-ils pas!

Quand on allègue une accufation fi terrible, il faut dire d'où on la tient, examiner fi l'Auteur eft croyable, pefer exactement toutes les circonftances, fans quoi l'on fe rend coupable d'une prodigieufe témérité. Cette anecdote ne fe trouve ni dans de Thou, ni dans Mezerai, ni dans aucun des Mémoires du tems un peu connus. Si elle était vraie, elle prouverait trop fans doute.

On fe fouviendra long-tems dans une Province de France du fupplice d'un homme en place, qui fut convaincu d'un affaffinat fur une parole à-peuprès femblable qu'il avait dite devant témoins. Il venait de tuer le mari d'une femme dont il était amoureux. Cette femme était alors au Spectacle; il va dans fa Loge immédiatement après avoir fait le coup, & lui dit en l'abordant, *il dort*. Ce feul mot conduifit les Juges à la conviction du crime.

Quoi! l'Auteur ofe accufer Mr. de Thou de témérité, de malignité! Et lui-même, fans aucune raifon, fans aucune autorité, intente une accufation qui fait frémir!

E 5

Je dois dire un mot de la prétendue paix univerfelle à laquelle Henri IV, dit-on, voulait parvenir par la guerre, dont l'événement eft toujours incertain.

S'il y avoit eu la moindre apparence au prétendu projet de Henri IV, de partager l'Europe en quinze Dominations, & d'établir un tribunal perpétuel, on en trouverait quelques traces dans les Mémoires de Villeroi, dans ceux de tant d'autres hommes d'Etat, dans les archives d'Angleterre, de Venife, dans ceux des Princes Proteftants fi attachés à Henri IV, & fi intéreffés à cette balance générale. Il ne fe trouve aucun monument de ce deffein. Ce filence univerfel doit produire un doute raifonnable.

Il n'eft pas naturel que Mr. de Villeroi, qui eut la confiance de Henri IV, ignorât un projet fi extraordinaire qui regardait uniquement fon département. ˙Les Secrétaires qui compilerent les Oeconomies politiques attribuées au Duc de Sulli, lorfqu'il étoit âgé de quatre-vingt ans, font les feuls qui parlent de cette étrange idée.

Je vais examiner une chofe non moins étrange: c'eft la comparaifon de Henri IV avec Philippe Roi de Macédoine.

Si le judicieux de Thou avait voulu comparer Henri avec quelqu'autre Monarque, il aurait choifi un Roi de France. On aurait pu trouver un peu de reffemblance entre lui & Charles VII. Tous deux eurent une guerre civile à foutenir, tous deux virent l'étranger dans la Capitale. Les Anglois y bravèrent quelque tems Charles VII, & les Efpagnols Henri IV: ils regagnèrent l'un & l'autre leur Royaume pied à pied, par les armes & par les négociations. Tous deux au milieu de la guerre eurent des Maîtreffes.

Le parallele eft affez frappant, & il eft tout à

l'honneur de Henri IV, qui par fon courage, fon application & fa fageffe dans le gouvernement, l'emporte fur Charles au jugement de tout le monde.

Pourquoi donc choifir le pere d'Alexandre pour le comparer au pere de Louis XIII? Ce qui fonde cette comparaifon chez Mr. de Bury, c'eft que Philippe s'empara de la Couronne de Macédoine au préjudice d'Amintas fon neveu, dont il était tuteur, & que Henri était héritier légitime.

Qu'Epaminondas préfida à l'éducation de Philippe, & que Florent Chrétien fut Précepteur de Henri IV.

Que Philippe conftruifit des Flotes, & que Henri n'en eut jamais.

Que Philippe trouva des mines d'or dans la Thrace, & que Henri IV. n'en trouva pas chez lui.

Que Philippe fut tellement couvert de bleffures, qu'il en devint borgne & boiteux & que Henri IV. conferva heureufement fes yeux & fes jambes,

Que Démofthène excita les Athéniens contre le Roi de Macédoine, & que des Curés prêchèrent dans Paris contre le Roi de France.

Il eft vrai que ce parallèle eft relevé par les louanges de Salomon, du Roi d'Angleterre d'aujourd'hui, du Roi de Dannemarck & de l'Impératrice Reine de Hongrie, ce qui fera fans doute débiter fon livre dans toute l'Europe. Une telle fageffe manqua au Préfident de Thou.

Finiffons par les prétendus bons mots, dont la tradition populaire défigure le caractère de Henri IV.

Qu'un Païfan qui avoit les cheveux blancs & la barbe noire, ait répondu au Roi, *que fes cheveux étoient de vingt ans plus vieux que fa barbe*, c'eft un bon mot de ce païfan & non pas du Roi. Ce conte eft imprimé dans des facéties Italiennes, plus de dix ans avant la naiffance de Henri IV., & la plûpart de ces facéties ont fait le tour de l'Europe.

Qu'un autre païſan ait apporté au Roi du fromage de laict de bœuf, c'eſt une inſipidité bien indigne de l'hiſtoire, & ce n'eſt pas Henri IV. qui l'a dite.

Mais qu'il eut fait battre de verges ſept ou huit Praticiens aſſemblés dans un cabaret pour leurs affaires, & que Henri ait exercé ſur eux cette indigne vengeance, parce que ces bourgeois n'avaient pas voulu partager leur diner avec un homme qu'ils ne connoiſſaient pas; c'eût été une action tyrannique, infâme, non ſeulement indigne d'un grand Roi, mais d'un homme bien élevé. C'eſt l'Etoile qui rapporte cette ſotiſe ſur un ouï dire. L'Etoile ramaſſait mille contes frivoles, débités parmi la populace de Paris. Mais ſi une pareille action avait la moindre lueur de vraiſemblance, elle déshonorerait la mémoire de Henri IV. à jamais; & cette mémoire ſi chère deviendrait odieuſe. Le bon ſens & le bon gout conſiſtent à choiſir dans les anecdotes de la vie des grands hommes ce qui eſt vraiſemblable, & ce qui eſt digne de la poſtérité.

Le grave & judicieux de Thou ne s'eſt jamais écarté de ce devoir d'un Hiſtorien.

Si Mr. de Bury a cru rendre ſon ouvrage recommandable en décriant un homme tel que de Thou, il s'eſt bien trompé. Il n'a pas ſu qu'il y avait encore dans Paris des hommes alliés à cette illuſtre famille, qui prendraient la défenſe du meilleur de nos Hiſtoriens, & qui ne ſouffriraient pas qu'on attaquât en mauvais français, une hiſtoire chère à la Nation, & écrite dans le latin le plus pur.

F I N.

L'A, B, C,

DIALOGUE

CURIEUX.

TRADUIT.

De l'Anglais de Monfieur HUET.

❦❦❦❦❦❦❦❦❦❦❦❦❦❦

PREMIERE DIALOGUE.

Sur Hobbes, Grotius, & Montesquieu.

A.

Eh bien, vous avez lû Grotius, Hobbes, &
Montefquieu: que penfez-vous de ces trois hommes célèbres?

B.

Grotius m'a fouvent ennuyé; mais il eft très
favant; il femble aimer la raifon & la vertu; mais
la raifon & la vertu touchent peu quand elles en-
nuyent: il me paraît de plus, qu'il eft quelquefois
un fort mauvais raifonneur: Montefquieu a beaucoup d'imagination fur un fujet qui femblait n'exi-
ger que du jugement: il fe trompe trop fouvent
fur les faits; mais je crois qu'il fe trompe auffi
quelquefois quand il raifonne. Hobbes eft bien
dur, ainfi que fon ftile; mais j'ai peur que fa du-

reté ne tienne fouvent à la vérité. En un mot, Grotius eft un franc favant, Hobbes un philofophe, & Montefquieu un bel efprit.

C.

Je fuis affez de cet avis. La vie eft trop courte, & on a trop de chofes à faire pour apprendre de Grotius, que felon Tertullien *la cruauté, la fraude & l'injuftice font les compagnes de la guerre. Que Carnéade défendait le faux comme le vrai*, qu'Horace a dit dans une fatyre, *la nature ne peut difcerner le jufte de l'injufte.* (*a*) que felon Plutarque *les enfans*

***

(*a*) NB. *Nec natura poteft jufto fecernere iniquum.*
Ce cruel vers fe trouve dans la troifieme fatyre. Horace veut prouver contre les Stoïciens, que tous les délits ne font pas égaux. Il faut, dit-il, que la peine foit proportionnée à la faute.

Regula peccatis quæ pænas irroget æquas.

C'eft la raifon, la loi naturelle qui enfeigne cette juftice; la nature connaît donc le jufte & l'injufte. Il eft bien évident que la nature enfeigne à toutes les mères qu'il vaut mieux corriger fon enfant que de le tuer, qu'il vaut mieux lui donner du pain, que de lui crever une œil, qu'il eft plus jufte de fécourir fon pere que de le laiffer dévorer par une bête féroce, & plus jufte de remplir fa promeffe que de la violer.

Il y a dans Horace avant ce vers de mauvais exemple, *nec natura poteft jufto fecernere iniquum*, la nature ne peut difcerner le jufte de l'injufte, il y a dis-je, un autre vers, qui femble dire tout le contraire, *Jura inventa metu injufti fateare neceffe eft.*

Il faut avouer que les loix n'ont été inventées que par la crainte de l'injuftice.

La nature avait donc difcerné le jufte & l'injufte avant qu'il y eut des loix. Pourquoi ferait-il d'un autre avis que Ciceron, & que tous les Moraliftes qui admettent la loi naturelle? Horace étoit un débauché qui recommande les filles de joye, & les petits garçons, j'en conviens; qui fe moque des pauvres vieilles, d'accord, qui flatte plus lâchement Octave qu'il n'attaque cruellement des Citoyens obfcurs: Il *ont de la compaſſion;* Que Chriſippe a dit, *l'origine du droit eſt dans Jupiter.* Que ſi l'on en croit Florentin, *la nature a mis entre les hommes une eſpèce de parenté.* Que Carnéade a dit, *que l'utilité eſt la mère de la juſtice.*

J'avoue que Grotius me fait grand plaiſir quand il dit dès ſon premier chapitre 1er livre, *que la loi des Juifs n'obligeait point les étrangers.* Je penſe avec lui qu'Aléxandre & Ariſtote ne ſont point damnés pour avoir gardé leur prépuce, & pour n'avoir pas employé le jour du Sabbath à ne rien faire. De braves Théologiens ſe ſont élevés contre lui avec leur abſurdité ordinaire ; mais moi, qui Dieu merci, ne ſuis point Théologien, je trouve Grotius un très bon homme.

J'avoue qu'il ne ſait ce qu'il dit, quand il prétend que les Juifs avaient enſeigné la circonciſion

eſt vrai; qu'il change ſouvent d'opinion, j'en ſuis fâché; mais je ſoupçonne qu'il a dit ici tout le contraire de ce qu'on lui fait dire. Pour moi je lis, *& natura poteſt juſto ſecernere iniquum,* les autres mettront un *nec* à la place d'un *&* s'ils veulent. Je trouve le ſens des mots *&* plus honnête comme plus grammatical, *& natura poteſt &c.*
Si la nature ne diſcernait pas le juſte & l'injuſte, il n'y aurait point de différence morale dans nos actions; les Stoïciens, ſembleraient avoir raiſon de ſoutenir que tous les délits contre la Société ſont égaux. Ce qui eſt fort étrange, c'eſt que St. Jacques ſemble tomber dans l'excès des Stoïciens, en diſant dans ſon Epitre. *Qui garde toute la Loi, & la viole en un point, eſt coupable de l'avoir violée en tout.* St. Auguſtin dans une lettre à St. Jérome, relance un peu l'Apôtre St. Jacques, & enſuite il l'excuſe, en diſant que le coupable d'une tranſgreſſion eſt coupable de toutes, parce qu'il a manqué à la charité qui comprend tout. O Auguſtin! comment un homme qui s'eſt enivré, qui a forniqué, a-t-il trahi la charité? Tu abuſes perpétuellement des mots, O Sophiſte Africain! Horace avait l'eſprit plus juſte & plus fin que toi.

aux autres peuples. Il est assez reconnu aujourd'hui, que la petite horde Judaïque avait pris toutes ses ridicules coutumes, des peuples puissants dont elle était environnée; mais que fait la circoncision au droit de la guerre & de la paix?

A.

Vous avez raison, les compilations de Grotius ne méritaient pas le tribut d'estime que l'ignorance leur a payée. Citer les pensées des vieux auteurs qui ont dit le pour & le contre, ce n'est pas penser. C'est ainsi qu'il se trompe dans son livre de la vérité du christianisme en copiant les auteurs Chrétiens; qui ont dit que les Juifs leurs prédécesseurs avaient enseigné le monde; tandis que la petite nation Juive n'avait jamais elle-même eû cette prétention insolente, tandis que renfermée dans les rochers de la Palestine, & dans son ignorance, elle n'avait pas seulement reconnu l'immortalité de l'ame que tous ses voisins admettaient.

C'est ainsi qu'il prouve le Christianisme, par Histape & par les Sibylles; & l'avanture de la balaine qui avala Jonas, par un passage de Licofron. Le pédantisme & la justesse de l'esprit sont incompatibles.

B.

Montesquieu n'est pas pédant: que pensez-vous de son esprit des loix?

C.

Il m'a fait un grand plaisir, parce qu'il y a beaucoup de plaisanteries, beaucoup de choses vraies, hardies & fortes, & des chapitres entiers dignes des lettres Persannes: le chap. 27 du liv. 19. est

un

un portrait de vôtre Angleterre, deſſiné dans le goût de Paul Véronèſe des couleurs brillantes, de la facilité de pinçeau & quelques defauts de coſtume. Celui de l'Inquiſition, & celui des eſclaves nègres, ſont fort audeſſus de Calot. Par tout il combat le deſpotiſme, rend les gens de finances odieux, les courtiſans mépriſables, les moines ridicules; ainſi, tout ce qui n'eſt ni moine, ni financier, ni Miniſtre, ni aſpirant à l'être, a été charmé, & ſur-tout en France.

Je ſuis fâché que ce livre ſoit un labirinthe ſans fil, & qu'il n'y ait aucune méthode. Il eſt ſingulier, qu'un homme qui écrit ſur les loix, diſe dans ſa préface; *qu'on ne trouvera point de ſaillies dans ſon ouvrage;* & il eſt encore plus étrange que ſon livre ſoit un recueil de ſaillies. C'eſt Michel Montaigne Légiſlateur, auſſi était-il du pays de Michel Montaigne.

Je ne puis m'empêcher de rire en parcourant plus de cent chapitres, qui ne contiennent pas douze lignes, & pluſieurs qui n'en contiennent que deux. Il ſemble que l'auteur ait toujours voulu jouer avec ſon lecteur dans la matiere la plus grave.

On rit encore, lorſqu'après avoir cité les loix Grecques & Romaines, il parle ſérieuſement de celles de Bantam, de Cochin, du Tunquin, de Borneo, de Jacatra, de Formoſe, comme s'il avait des mémoires fidèles du gouvernement de tout ces pays. Il mêle trop ſouvent le faux avec le vrai, en phyſique, en morale, en hiſtoire; il vous dit d'après Puffendorf, que du tems du Roi Charles IX. il y avait vingt millions d'hommes en France. (*h*) Puffendorf parlait fort au hazard. On

(*h*) NB. On va même juſqu'à ſuppoſer vingt-neuf millions.

F

n'avoit jamais fait en France de dénombrement ;
on était trop ignorant pour foupçonner feulement
qu'on pût déviner le nombre des habitans par celui des naiffances & des morts. La France n'avait
alors ni la Lorraine, ni l'Alface, ni la Franche-
Comté, ni le Rouffillon, ni l'Artois, ni le Cam-
bréfis, ni une partie de la Flandre ; & aujourd'hui
qu'elle poffede toutes ces Provinces, il eft prouvé
qu'elle ne contient qu'environ vingt millions d'a-
mes tout au plus, par le dénombrement des feux
exactement donnés en 1751.

Le même auteur affure fur la foi de Chardin
qu'il n'y a que le petit fleuve Cyrus, qui foit navi-
gable en Perfe. Chardin n'a point fait cette bévue.
Il dit au Chap. 1 Vol. II. *qu'il n'y a point de fleuve
qui porte bateau dans le cœur du Royaume;* mais
fans compter l'Euphrate, le Tigre, & l'Indus,
toutes les Provinces frontières font arrofées de fleuves qui contribuent à la fertilité de la terre ; &
puis, quel rapport l'efprit des loix peut-il avoir
avec des fleuves de la Perfe?

Les raifons qu'il apporte de l'établiffement des
grands Empires en Afie, & de la multitude des
petites puiffances en Europe, femblent auffi fauffes
que ce qu'il dit des rivières de la Perfe. En *Europe,* dit-il, *les grands Empires n'ont jamais pû
fubfifter :* la puiffance Romaine y a pourtant fubfifté plus de 500 ans, & *la caufe,* continue-t-il, *de
la durée de ces grands Empires, c'eft qu'il y a de
grandes plaines.* Il n'a pas fongé que la Perfe eft
entrecoupée de montagnes; il ne s'eft pas fouvenu
du Caucafe, du Taurus, de l'Ararât, de l'Imaus,
du Saron &c. &c. Il ne faut ni donner des raifons
des chofes qui n'exiftent point, ni en donner de
fauffes, des chofes qui exiftent.

Sa prétendue influence des climats fur la religion n'eft guères plus vraye; la religion Mahométane née dans le terrein aride & brulant de la Méque, fleurit aujourd'hui dans les belles contrées de l'Afie mineure, de la Syrie, de l'Egypte, de la Trace, de la Mifie, de l'Afrique Septentrionale, de la Servie, de la Bofnie, de la Dalmatie, de l'Epire, de la Grèce; elle a régné en Efpagne, & il s'en eft fallu bien peu, qu'elle ne foit allée jufqu'à Rome. La religion Chrétienne eft née dans le terrein pierreux de Jérufalem, & dans un pays de lépreux, où le cochon eft prefque un aliment mortel. Jéfus ne mangea jamais de cochon: elle domine aujourd'hui dans des Pays fangeux où l'on ne fe nourrit que de cochons, comme dans la Veftphalie: on ne finirait pas fi on voulait examiner les erreurs de ce genre qui fourmillent dans ce livre.

Ce qui eft encore révoltant pour un leƈteur un peu inftruit, c'eft que prefque par-tout les citations font fauffes; il prend prefque toujours fon imagination pour fa mémoire.

Il prétend que dans le teftament attribué au Cardinal de Richelieu, il eft dit, (c) *que fi dans le peuple il fe trouve quelque malheureux honnête homme, il ne faut point s'en fervir, tant il eft vrai que la vertu n'eft pas le reffort du Gouvernement Monarchique.*

Le miférable teftament fauffement attribué au Cardinal de Richelieu, dit précifément tout le contraire. Voici fes paroles au chap. IV. ,, On peut ,, dire hardiment que de deux perfonnes dont le ,, mérite eft égal, celle qui eft la plus aifée en fes ,, affaires eft préférable à l'autre, étant certain

(c) Livre III. Chap. VI.

F 2

,, qu'il faut qu'un pauvre Magiſtrat ait l'ame d'une
,, trempe bien forte, ſi elle ne ſe laiſſe quelque-
,, fois amollir par la conſidération de ſes intérêts.
,, Auſſi l'expérience nous apprend que les riches
,, ſont moins ſujets à concuſſion que les autres,
,, & que la pauvreté contraint un pauvre officier
,, à être fort ſoigneux du revenu du ſac".

Montefquieu, il faut l'avouer, ne cite pas
mieux les auteurs Grecs que les Français. Il
leur fait ſouvent dire à tous, le contraire de ce
qu'ils ont dit.

Il avance, en parlant de la condition des femmes dans les divers Gouvernemens, ou plutôt en
promettant d'en parler. que chez les Grecs, (d)
l'amour n'avait qu'une forme que l'on n'oſe dire. Il
n'héſite pas à prendre Plutarque même pour ſon
garant: il fait dire à Plutarque, *que les femmes n'ont
aucune part au véritable amour.* Il ne fait pas réflexion que Plutarque fait parler pluſieurs interlo-
cuteurs; il y a un Protogène qui déclame contre
les femmes ; mais Daphnéus prend leur parti;
Plutarque décide pour Daphnéus; il fait un très
bel éloge de l'amour céleſte & de l'amour conjugal;
il finit par rapporter pluſieurs exemples de la fidélité & du courage des femmes. C'eſt même dans
ce dialogue qu'on trouve l'hiſtoire de Camma, &
celle d'Eponime femme de Sabinus, dont les vertus ont ſervi de ſujet à des piéces de Théâtre.

Enfin, il eſt clair que Monteſquieu dans l'eſprit
des loix, a colomnié l'eſprit de la Grèce, en pre-
nant une objeétion que Plutarque réfute pour une
loi que Plutarque recommande.

(e) *Les Cadis ont ſoutenu que le grand Seigneur*

(d) Livre VII. Chap. X.
(e) Livre III. Chap. IX.

n'eſt point obligé de tenir ſa parole & ſon ſerment lorſqu'il borne par là ſon autorité.

Ricaut cité en cet endroit, dit ſeulement pag. 18. de l'édition d'Amſterdam de 1671. *Il y a même de ces gens là, qui ſoutiennent que le grand Seigneur peut ſe diſpenſer des promeſſes qu'il a faites avec ſerment, quand pour les accomplir il faut donner des bornes à ſon autorité.*

Ce diſcours eſt bien vague. Le Sultan des Turcs ne peut promettre qu'à ſes ſujets, ou aux Puiſſances voiſines. Si ce ſont des promeſſes à ſes ſujets, il n'y a point de ſerment; ſi ce ſont des traités de paix, il faut qu'il les tienne comme les autres Princes, ou qu'il faſſe la guerre. L'Alcoran ne dit en aucun endroit qu'on peut violer ſon ſerment, & il dit en cent endroits qu'il faut le garder. Il ſe peut, que pour entreprendre une guerre injuſte, comme elles le ſont preſque toutes, le grand Turc aſſemble un Conſeil de conſcience, comme ont fait pluſieurs Princes chrétiens; afin de faire le mal en conſcience: il ſe peut, que quelques Docteurs Muſulmans ayent imité des Docteurs Catholiques, qui ont dit, qu'il ne faut garder la foi ni aux infidèles, ni aux hérétiques; mais il reſte à ſavoir ſi cette juriſprudence eſt celle des Turcs.

L'Auteur de l'eſprit des loix donne cette pretendue déciſion des Cadis, comme une preuve du deſpotiſme du Sultan: il ſemble que ce ſerait au contraire une preuve qu'il eſt ſoumis aux loix, puiſqu'il ſerait obligé de conſulter des Docteurs pour ſe mettre au deſſus des loix. Nous ſommes voiſins des Turcs, nous ne les connaiſſons pas. Le Comte de Marſigli, qui a vécu ſi longtemps au milieu d'eux, dit qu'aucun auteur n'a donné une véritable connoiſſance, ni de leur Empire, ni de leurs loix. Nous n'avons eû même aucune traduction tolérable de l'Alcoran avant celle que nous a donné l'Anglais Sale en 1734. Prefque tout ce qu'on a dit de leur religion & de leur jurifpruce eft faux; & les conclufions que l'on en tire tous les jours contre eux font trop peu fondées. On ne doit, dans l'examen des loix, citer que des loix reconnues.

(*f*) *Tout le bas commerce était infâme chez les Grecs.* Je ne fais pas ce que Montefquieu entend par bas commerce; mais je fais que dans Athènes tous les Citoyens commerçaient, que Platon vendit de l'huile, & que le pere du Démagogue Démofthène était marchand de fer. La plupart des ouvriers étaient des étrangers où des efclaves: il nous eft important de remarquer que le négoce n'était point imcompatible avec les dignités dans les Républiques de la Grèce, excepté chez les Spartiates, qui n'avaient aucun commerce.

J'ai ouï fouvent déplorer, dit-il, (*g*) *l'aveuglement du Confeil de François I. qui rebuta Chriftophe Colomb, qui lui propofait les Indes.* Vous remarquerez que François I. n'était pas né lorfque *Colomb* découvrit les ifles de l'Amérique.

Puifqu'il s'agit ici de commerce, obfervons que l'auteur condamne une Ordonnance du Confeil d'Efpagne, qui défend d'employer l'or & l'argent en dorure, *un Décret pareil*, dit-il, (*h*) *ferait femblable à celui que feraient les Etats de Hollande, s'ils défendaient la confommation de la Canelle.* Il ne fonge pas, que les Efpagnols n'ayant point de manufactures, auraient acheté les galons & les étoffes

(*f*) Liv. IV. Chap. VIII.
(*g*) Liv. IV. Chap. XIX.
(*h*) ibid.

de l'étranger, & que les Hollandais ne pouvaient acheter la canelle. Ce qui était très raisonnable en Espagne, eut été très ridicule en Hollande.

Le même auteur prétend qu'au (*i*) Tonquin tous les Magistrats, & les principaux Officiers Militaires font Eunuques, & que chez les Lamas (*k*) la loi permet aux femmes d'avoir plusieurs maris. Quand ces fables seraient vrayes, qu'en résulterait-il? Nos Magistrats voudraient-ils être Eunuques, & n'être qu'en quatrièmes, on en cinquièmes, auprès de Mesdames les Conseillères?

Pourquoi perdre son tems à se tromper sur les prétendues flottes de Salomon envoyées d'Esionga-ber en Afrique, & sur les chimériques-voyages depuis la mer rouge jusqu'à celle de Bayonne, & sur les richesses encore plus chimériques de Sofa-la? Quel rapport entre toutes ces digressions erronnées & l'esprit des Loix?

Je m'attendais à voir, comment les Décrétales changèrent toute la jurisprudence de l'ancien code romain, par quelles loix Charlemagne gouverna son Empire, & par quelle anarchie le gouvernement féodal le bouleversa; par quel art & par quelle audace Grégoire VII. & ses successeurs écra-férent les loix des royaumes & des grands fiefs sous l'anneau du pêcheur, & par quelles secousses on est parvenu à détruire la législation papale; j'espérais voir l'origine des Baillages qui rendirent la justice presque par tout depuis les Othons & celle des tribunaux appellés Parlements ou Audiences, ou Banc du Roi, ou Echiquier; je désirais de connaître l'histoire des loix sous lesquelles nos peres & leurs enfans ont vécu, les motifs qui les

(*i*) Liv. XV. Chap. XVIII.
(*k*) Liv. XVI. Chap, V.

ont établies, négligées, détruites, renouvellées;
je n'ai malheureusement rencontré souvent que de
l'esprit, des railleries, des imaginations & des
erreurs.

Par quelle raison les Gaulois asservis & dépouillés par les Romains, continuèrent-ils à vivre sous
les loix Romaines, quand ils furent de nouveau
subjugués & dépouillés par une horde de Francs?
Quelles furent bien précisément les loix & les usages de ces nouveaux brigands?

Quels droits s'arrogèrent les Evêques Gaulois
quand les Francs furent les maîtres? N'eurent-ils
pas quelquefois part à l'administration publique a-
vant que le rebelle Pepin leur donnât place dans le
Parlement de la nation?

Y eût-il des fiefs héréditaires avant Charlemagne? Une foule de questions pareilles se présente
à l'esprit. Montesquieu n'en résout aucune.

Je cherchais un fil dans ce labirinthe; le fil est
cassé presque à chaque article; j'ai été trompé;
j'ai trouvé l'esprit de l'auteur qui en a beaucoup,
& rarement l'esprit des loix; il sautille plus qu'il
ne marche; il amuse plus qu'il n'éclaire; il satirise
quelquefois plus qu'il ne juge; & il fait souhaiter
qu'un si beau génie eut toujours plus cherché à
instruire qu'à étonner.

Ce livre très-défectueux, est plein de choses admirables dont on a fait de détestables copies. Enfin
des fanatiques l'ont insulté par les endroits mêmes,
qui méritent les remerciments du genre humain.

Malgré ses défauts, cet ouvrage doit être toujours cher aux hommes, parce que l'auteur a dit
sincérement ce qu'il pense, au lieu que la plupart
des écrivains de son pays, à commencer par le
grand Bossuet, ont dit souvent ce qu'ils ne pensaient

pas. Il a partout fait fouvenir les hommes qu'ils
font libres: il préfente à la nature humaine fes titres qu'elle a perdus dans la plus grande partie de
la terre; il combat la fuperftition, il infpire la
morale.

Je vous avouerai encor, combien je fuis affligé,
qu'un livre qui pouvait être fi utile, foit fondé fur
une diftinction chimérique. *La vertu*, dit-il, eft
*le principe des Républiques, l'honneur l'eft des Monar-
chies*. On n'a jamais affurément formé des Républiques par vertu. L'intérêt public s'eft oppofé à
la domination d'un feul; l'efprit de propriété, l'ambition de chaque particulier, ont été un frein à
l'ambition, & à l'efprit de rapine. L'orgueil de
chaque Citoyen a veillé fur l'orgueil de fon voifin.
Perfonne n'a voulu être l'efclave de la fantaifie
d'un autre. Voilà ce qui établit une République, &
ce qui la conferve. Il eft ridicule d'imaginer, qu'il
faille plus de vertu à un Grifon qu'à un Efpagnol.

Que l'honneur foit le principe des feules Monarchies, ce n'eft pas une idée moins chimérique; &
il le fait bien voir lui-même fans y penfer; *la nature de l'honneur*, dit-il, au Chap. VII. du liv. III.
*eft de demander des préférences, des diftinctions. Il
eft donc par la chofe même placé dans le Gouvernement Monarchique.*

Certainement par la chofe même, on demandait
dans la République Romaine, la Préture, le Con-
fulat, l'ovation, le triomphe, ce font là des préférences, des diftinctions qui valent bien les titres
qu'on achete fouvent dans les Monarchies & dont
le tarif eft fixé. Il y a un autre fondement de fon
livre qui ne me parait pas porter moins à faux;
c'eft la divifion des gouvernemens en Républicain,
en Monarchique, & en Defpotique.

F 5

Il a plû à nos auteurs, (je ne fais trop pourquoi) d'appeller defpotiques les Souverains de l'Afie, & de l'Afrique: on entendait autrefois par defpote un petit Prince d'Europe vaffal du Turc, & vaffal a-movible, un efpèce d'efclave couronné gouvernant d'autres efclaves. Ce mot Defpote, dans fon ori-gine avait fignifié chez les Grecs maître de maifon, pere de famille. Nous donnons aujourd'hui libéra-lement ce titre à l'Empereur de Maroc, au grand Turc, au Pape, à l'Empereur de la Chine. Mon-tefquieu au commencement du fecond livre définit ainfi le gouvernement Defpotique. *Un feul homme fans loi, & fans règle certaine, faifant tout par fa volonté & par fon caprice.*

Or il eft très-faux qu'un tel gouvernement exif-te, & il me parait très-faux qu'il puiffe exifter. L'Alcoran & les commentaires approuvés font les loix des Mufulmans: Tous les Monarques de cet-te religion jurent fur l'Alcoran d'obferver ces loix. Les anciens corps de milice & les gens de loi ont des privilèges immenfes: & quand les Sultans ont voulu violer ces privilèges, ils ont tous été étranglés, où du moins folemnellement dépofés.

Je n'ai jamais été à la Chine; mais j'ai vu plus de vingt perfonnes qui ont fait ce voyage, & je crois avoir lû tous les auteurs qui ont parlé de ce pays: Je fais beaucoup plus certainement que Rollin ne favait l'hiftoire ancienne, je fais dis·je, par, le rapport unanime de nos Miffionnaires de fectes différentes, que la Chine eft gouvernée par les loix, & non par une volonté arbitraire. Je fais, qu'il y a dans Pekin fix Tribunaux fuprêmes, auxquels reffortiffent quarante-quatre autres Tribunaux. Je fais, que les remontrances faites à l'Empereur par ces fix Tribunaux fuprêmes ont force de loi; je fais, qu'on n'exécute pas à mort un portefaix, un charbonnier aux extrémités de l'Empire fans avoir envoyé fon procès à un Tribunal fuprême de Pékin qui en rend compte à l'Empereur. Eſt-ce là un gouvernement arbitraire & tyrannique? L'Empereur y eſt plus révéré que le Pape ne l'eſt à Rome; mais, pour être refpecté faut-il régner fans le frein des loix? une preuve que ce font les loix qui règnent à la Chine; c'eſt que le pays eſt plus peuplé que l'Europe entiere: nous avons porté à la Chine notre fainte religion, & nous n'y avons pas réuſſi. Nous aurions pu prendre fes loix en échange; mais nous ne favons peut-être pas faire un tel commerce.

Il eſt bien ſûr que l'Evêque de Rome eſt plus defpotique que l'Empereur de la Chine; car il eſt infaillible, & l'Empereur Chinois ne l'eſt pas: cependant cet Evêque eſt encor aſſujetti à des loix.

Le Defpotifme n'eſt que l'abus de la Monarchie, une corruption d'un beau gouvernement. J'aimerois autant mettre les voleurs de grand chemin au rang des corps de l'Etat, que de placer les tyrans au rang des Rois.

Enfin, l'efprit des loix me parait un bâtiment mal fondé, & conſtruit irréguliérement, dans lequel il y a beaucoup de beaux appartemens vernis & dorés.

A.

Je paſſerais volontiers quelques heures dans ces appartemens; mais je ne puis demeurer un moment dans ceux de Grotius; ils font trop mal tournés, & les meubles trop à l'antique: mais vous; comment trouvez-vous la maifon que Hobbes a bâtie en Angleterre?

C

Elle a tout-à-fait l'air d'une prifon; car il n'y loge guères que des criminels & des efclaves. Il dit que l'homme eft né ennemi de l'homme, que le fondement de la fociété eft l'affemblage de tous contre tous; il prétend que l'autorité feule fait les loix, que la vérité ne s'en mêle pas; il ne diftingue point la Royauté de la tyrannie. Chez lui la force fait tout: il y a bien quelque chofe de vrai dans quelques-unes de ces idées; mais fes erreurs m'ont fi fort révolté, que je ne voudrais ni être citoyen de fa ville quand je lis fon *De Cive*, ni être mangé par fa groffe bête *Léviathan.*

B.

Vous me paraiffez, Meffieurs, fort peu contents des livres que vous avez lus, cependant, vous en avez fait votre profit.

A.

Oui, nous prenons ce qui nous parait bon depuis Ariftote jufqu'à Loke, & nous nous moquons du refte.

C.

Je voudrais bien favoir, quel eft le réfultat de toutes vos lectures & de vos réflexions?

A.

Très-peu de chofe.

B.

N'importe, effayons de nous rendre compte de ce peu que nous favons, fans verbiage, fans pédantifme, fans un fot afferviffement aux tyrans des efprits, & au vulgaire tyrannifé, enfin avec toute la bonne foi de la raifon.

〰〰〰〰〰〰〰〰〰〰〰〰

SECOND ENTRETIEN,

SUR L'AME.

C.

COmmençons. Il eſt bon, avant de s'aſſurer de ce qui eſt juſte, honnête, convenable entre les a-mes humaines, de ſavoir d'où elles viennent, & où elles vont: on veut connaître à fonds les gens à qui on a affaire.

B.

C'eſt bien dit: quoique cela n'importe guères Quels que ſoient l'origine & le deſtin de l'ame, l'eſſentiel eſt, qu'elle ſoit juſte; mais, j'aime tou-jours à traiter cette matière, qui plaiſait tant à Cicéron. Qu'en penſez-vous Mr. A.? L'Ame eſt-elle immortelle?

A.

Mais Mr. C., la queſtion eſt un peu bruſque. Il me ſemble que pour ſavoir par ſoi-même ſi l'ame eſt immortelle, il faut d'abord être bien certain qu'elle exiſte: & c'eſt de quoi je n'ai aucune con-naiſſance, ſinon par la foi qui tranche toutes les difficultés. Lucrèce diſait il y a dix-huit cents ans *ignoratur enim quæ ſit natura animabus*. On ignore la nature de l'ame, il pouvait dire, on ignore ſon exiſtence: j'ai lû deux ou trois cents diſſertations ſur ce grand objet; elles ne m'ont jamais rien appris. Me voilà avec vous, comme St. Auguſtin avec St. Jerôme. Auguſtin lui dit tout net qu'il ne ſait rien de ce qui concerne l'ame. Cicéron, meilleur philoſophe qu'Auguſtin, avait dit ſouvent la même choſe avant lui, & beaucoup plus élégamment. Nos jeunes Bacheliers en ſavent davantage ſans doute; mais moi, je n'en ſais rien, & à l'âge de quatre-vingt ans, je me trouve auſſi avancé que le premier jour.

C.

C'eſt que vous radotez. N'êtes-vous pas certain que les bêtes ont la vie, que les plantes ont la végétation, que l'air a ſa fluidité, que les vents ont leurs cours? Doutez-vous que vous ayez une vieille ame qui dirige votre vieux corps?

A.

C'eſt préciſément parce que je ne ſais rien de tout ce que vous m'alléguez, que j'ignore abſolument ſi j'ai une ame; quand je ne conſulte que ma faible raiſon. Je vois bien que l'air eſt agité; mais je ne vois point d'être réel dans l'air qui s'appelle cours du vent. Une roſe végète; mais il n'y a point un petit individu ſecret dans la roſe, qui ſoit la végétation: cela ſerait auſſi abſurde en philoſophie que de dire que l'odeur eſt dans la roſe. On a prononcé pourtant cette abſurdité pendant des ſiècles. La phyſique ignorante de toute l'antiquité diſait, l'odeur part des fleurs pour aller à mon nez: les couleurs partent des objets pour venir à mes yeux: on faiſait une eſpèce d'exiſtence à part de l'odeur, de la ſaveur, de la vue, de l'ouïe: on allait jufqu'à croire que la vie était quelque chofe, qui faifait l'animal vivant. Le malheur de toute l'antiquité fût de transformer ainfi des paroles en êtres réels: on prétendait qu'une idée était un ê-tre: il fallait confulter les idées, les archetipes qui fubfiftaient je ne fais où. Platon donna cours à ce jargon qu'on appella philofophie. Ariftote réduifit cette chimère en méthode; de là ces en-tités, ces quiddités, ces éccéités, & toutes les barbaries de l'école.

Quelques fages s'apperçurent que tous ces êtres imaginaires ne font que des mots inventés pour foulager notre entendement; que la vie de l'ani-mal n'eft autre chofe que l'animal vivant; que fes idées font l'animal penfant, que la végétation d'u-ne plante n'eft rien que la plante végétante; que le mouvement d'une boule n'eft que la boule chan-geant de place; qu'en un mot, tout être méta-phyfique n'eft qu'une de nos conceptions. Il a fallu deux mille ans pour que fes fages euffent raifon.

C.

Mais s'ils ont raifon, fi tous ces êtres métaphy-fiques ne font que des paroles, votre ame qui paffe pour un être métaphyfique, n'eft donc rien! nous n'avons donc réellement point d'ame?

A.

Je ne dis pas cela; je dis que je n'en fais rien du tout par moi-même. Je crois feulement que Dieu nous accorde cinq fens & la penfée, & il fe pourrait bien faire que nous fuffions dans Dieu comme difent Aratus & St. Paul, & que nous vif-fions les chofes en Dieu comme dit Malbranche.

C.

A ce compte j'aurois donc des penſées ſans avoir un ame: cela ferait fort plaiſant.

A.

Pas ſi plaiſant. Ne convenez-vous pas que les animaux ont du ſentiment?

B.

Aſſurément, & c'eſt renoncer au ſens commun que de n'en pas convenir.

A.

Croyez-vous qu'il y ait un petit être inconnu logé chez eux, que vous nommez ſenſibilité, mémoire, apétit, ou que vous appellez du nom vague & inexpliquable *ame!*

B.

Non ſans doute, aucun de nous n'en croit rien. Les bêtes ſentent parce que c'eſt leur nature, parce que cette nature leur a donné tous les organes du ſentiment; parce que l'auteur & le principe de toute la nature l'a déterminé ainſi pour jamais.

A.

Eh bien, cet éternel principe a tellement arrangé les choſes, que, quand j'aurai une tête bien conſtituée, quand mon cervelet ne ſera ni trop humide, ni trop ſec, j'aurai des penſées: & je l'en remercie de tout mon cœur.

C.

Mais comment avez-vous des penſées dans la tête?

A.

A.

Je n'en fais rien encor une fois. Un philofophe a été perfécuté pour avoir dit, il y a quarante ans dans un tems où l'on n'ofait encor penfer dans fa patrie. *La difficulté n'eft pas de favoir feulement fi la matière peut penfer; mais de favoir comment un être quel qu'il foit peut avoir la penfée.* Je fuis de l'avis de ce philofophe, & je vous dirai en bravant les fots perfécuteurs, qui j'ignore abfolument tous les premiers principes des chofes.

B.

Vous êtes un grand ignorant, & nous auffi.

A.

D'accord.

B.

Pourquoi donc raifonnons - nous? Comment faurons-nous ce qui eft jufte ou injufte, fi nous ne favons pas feulement ce que c'eft qu'une ame?

A.

Il y a bien de la différence: nous ne connoiffons rien du principe de la penfée; mais nous connaiffons très-bien notre intérêt. Il nous eft fenfible que notre intérêt eft que nous foyons juftes envers les autres, & que les autres le foient envers nous; afin que tous puiffent être fur ce tas de boue le moins malheureux que faire fe pourra pendant le peu de tems qui nous eft donné par l'Etre des êtres pour végéter, fentir & penfer.

G

~~~~~~

TROISIEME ENTRETIEN,

Si l'Homme eft né Méchant & Enfant du Diable.

B.

Vous êtes Anglais, Mr. A, vous nous direz bien franchement votre opinion fur le jufte & l'injufte, fur le gouvernement, fur la religion, la guerre, la paix, les loix &c. &c. &c. &c.

A.

De tout mon cœur; ce que je trouve de plus jufte, c'eft *liberté & propriété*. Je fuis fort aife de contribuer à donner à mon Roi un million fterling par an pour fa maifon, pourvû que je jouiffe de mon bien dans la mienne; Je veux que chacun ait fa *prérogative*: je ne connais de loix que celles qui me protègent, & je trouve notre gouvernement le meilleur de la terre, parce que chacun y fait ce qu'il a, ce qu'il doit, & ce qu'il peut. Tout eft foumis à la loi, à commencer par la Royauté & par la religion.

C.

Vous n'admettez donc pas de droit divin dans la fociété?

A.

Tout eft de droit divin fi vous voulez, parce que Dieu a fait les hommes, & qu'il n'arrive rien fans fa volonté divine, & fans l'enchainement des loix éternelles, éternellement exécutées; mais

l'Archevêque de Canterbury, par exemple, n'eſt
pas plus Archevêque de droit divin, que je ſuis né
Membre du Parlement. Quand il plaira à Dieu de
deſcendre ſur la terre pour donner un bénéfice de
douze mille guinées de revenu à un prêtre, je dirai alors, que ſon bénéfice eſt de droit divin ; mais
juſques-là, je croirai ſon droit très-humain.

B.

Ainſi, tout eſt convention chez les hommes ;
c'eſt Hobbes tout pur.

A.

Hobbes n'a été en cela que l'écho de tous les
gens ſenſés. Tout eſt convention ou force.

C.

Il n'y a donc point de loi naturelle ?

A.

Il y en a une ſans doute, c'eſt l'intérêt & la
raiſon.

B.

L'homme eſt donc né en effet dans un état de
guerre, puiſque notre intérêt combat preſque toujours l'intérêt de nos voiſins, & que nous faiſons
ſervir notre raiſon à ſoutenir cet intérêt qui nous
anime.

A.

Si l'état naturel de l'homme était la guerre, tous
les hommes s'égorgeraient : il y a long-tems que
nous ne ſerions plus, (Dieu merci.) Il nous ferait

G 2

arrivé ce qui arriva aux hommes nés des dents du
ferpent de Cadmus; ils fe battirent & il n'en refta
pas un. L'homme étant né pour tuer fon voifin
& pour en être tué, accomplirait néceffairement
fa deftinée comme les vautours accompliffent la
leur en mangeant mes pigeons, & les fouines en
fuçant le fang de mes poules. On a vû des peuples
qui n'ont jamais fait la guerre: On le dit des brac-
manes, on le dit de plufieurs peuplades des Ifles
de l'Amérique, que les Chrétiens exterminèrent
ne pouvant les convertir. Les primitifs que nous
nommons Quakers commencent à compofer dans
la Penfylvanie une nation confidérable, & ils ont
toute guerre en horreur. La guerre n'eft donc pas
l'effence du genre humain.

B.

Il faut pourtant que l'envie de nuire, le plaifir
d'exterminer fon prochain pour un léger intérêt,
la plus horrible méchanceté & la plus noire perfidie, foient le caractère diftinctif de notre efpèce;
au moins depuis le péché originel; car les doux
Théologiens affurent que dès ce moment là le
Diable s'empara de toute notre race. Or le Diable
eft nôtre maître, comme vous' favez, & un très
méchant maître; donc tous les hommes lui reffemblent.

A.

Que le Diable foit dans le corps de tous les
Théologiens, je vous le paffe; mais affurément
il n'eft pas dans le mien. Si l'efpèce humaine
était fous le gouvernement immédiat du Diable,
comme on le dit, il eft clair que tous les maris
affommeraient leurs femmes, que les fils tueraient

leurs pères, que les mères mangeraient leurs enfans, & que la première chofe que ferait un enfant dès qu'il aurait des dents, ferait de mordre fa
mère, en cas que fa mère ne l'eût pas encor mis
à la broche. Or comme rien de tout cela n'arrive, il eft démontré qu'on fe moque de nous,
quand on nous dit que nous fommes fous la puis-
fance du Diable, c'eft le plus fot blafphême qu'on
ait jamais prononcé.

C.

En y faifant attention, j'avoue que le genre humain n'eft pas tout à fait fi méchant que certaines
gens le crient, dans l'efpérance de le gouverner;
ils reffemblent à ces Chirurgiens qui fuppofent que
toutes les Dames de la Cour font attaquées de cette
maladie honteufe qui produit beaucoup d'argent à
ceux qui la traitent; il y a des maladies, fans doute, mais tout l'univers n'eft pas entre les mains de
la faculté. Il y a de grands crimes; mais ils font
rares. Aucun Pape depuis plus de deux cents ans
n'a reffemblé au Pape Aléxandre VI. aucun Roi
de l'Europe n'a bien imité le Chriftiern fecond de
Dannemark, & le Louïs XI. de France. On n'a
vû qu'un feul Archevêque de Paris aller au Parlement avec un poignard dans fa poche. La St. Bar-
thelemy eft bien horrible, quoi qu'en dife l'Abbé
de Caveïrac; mais enfin, quand on voit tout Paris
occupé de la mufique de Rameau, ou de Zaïre, ou
de l'Opéra comique, ou des tableaux expofés au
Salon, ou de Ramponeau, ou du finge de Nico-
lé, on oublie que la moitié de la nation égorgea
l'autre pour des argumens théologiques il y aura
bientôt deux cents ans tout jufte : les fupplices abominables des Jeanne Gray, des Marie Stuart, des

G 3

Charles I. ne fe renouvellent pas chez vous tous les jours.

Ces horreurs épidémiques font comme ces grandes peftes qui ravagent quelquefois la terre; après quoi, on laboure, on fème, on recueille, on boit, on danfe, on fait l'amour fur les cendres des morts qu'on foule aux pieds; & comme l'a dit un homme qui a paffé fa vie à fentir, à raifonner & à plaifanter, *fi tout n'eft pas bien*, *tout eft paffable.*

Il y a telle Province comme la Touraine par exemple, ou l'on n'a pas commis un grand crime depuis cent cinquante années. Venife a vû plus de quatre fiècles s'écouler fans la moindre fédition dans fon enceinte, fans une feule affemblée tumultueufe. Il y a mille villages en Europe où il ne s'eft pas commis un meurtre depuis que la mode de s'égorger pour la religion eft un peu paffée: les agriculteurs n'ont pas le tems de fe dérober à leurs travaux; leurs femmes, & leurs filles les aident, elles coufent, elles filent, elles pétriffent, elles enfournent (non pas comme l'Archevêque la Caza (*l*), tous ces bonnes gens font trop occupés pour fonger au mal. Après un travail agréable pour eux, parce qu'il leur eft néceffaire, ils font un léger repas que l'apetit affaifonne, & cèdent au befoin de dormir pour recommencer le lendemain. Je ne crains pour eux que les jours de fêtes fi ridiculement confacrés à pfalmodier d'une voix rauque & difcordante, du latin qu'ils n'entendent point, & à perdre leur raifon dans un cabaret, ce qu'ils n'entendent que trop. Encore une fois, fi tout n'eft pas bien, tout eft paffable.

(*l*) Voyez les Capitoli de Monfignor la Caza Archevêque de Bénevent, vous verrez comme il enfournait.

B.

Par quelle rage a - t - on donc pû imaginer qu'il exiſte un lutin doué d'une gueule béante, de quatre griffes de lyon, & d'une queuë de ſerpent, qu'il eſt accompagné d'un milliard de farfadets bâtis comme lui, tous deſcendus du ciel; tous enfermés dans une fournaiſe ſouterraine; que Jéſus - Chriſt deſcendit dans cette fournaiſe pour enchainer tous ces animaux; que depuis ce tems là ils ſortent tous les jours de leur cachot, qu'ils nous tentent, qu'ils entrent dans notre corps & dans notre ame; qu'ils ſont nos Souverains abſolus, & qu'ils nous inſpirent toute leur perverſité diabolique? De quelle ſource a pu venir une opinion auſſi extravagante, un conte auſſi abſurde?

A.

De l'ignorance des Médecins.

B.

Je ne m'y attendais pas.

A.

Vous deviez pourtant vous y attendre. Vous ſavez aſſez qu'avant Hipocrate, & même depuis lui, les Médecins n'entendaient rien aux maladies; d'où venait l'épilepſie, le haut mal, par exemple? des Dieux malfaiſans, des mauvais génies; auſſi l'appellait-on le mal ſacré. Les écrouëlles étaient dans le même cas. Ces maux étaient l'effet d'un miracle, il fallait un miracle pour en guérir; on faiſait des pélérinages, on ſe faiſait toucher par les Prêtres; cette ſuperſtition a fait le tour du monde; elle eſt encor en vogue parmi la canaille; les Epi-

leptiques viennent encor à Paris dans la fainte
Chapelle & à St. Maur, poufler des hurlemens &
faire des contorfions la nuit du Jeudi Saint au Ven-
dredi ; & notre Ex-Roi Jacques II, comme Perfonne facrée, s'imaginait guérir les écrouëlles envoyées par le malin. Toute maladie inconnue était
donc aûtrefois une poffeffion du mauvais génie. Le
mélancolique Orefte paffa pour être poffédé de Mé-
gère, & on l'envoya voler une ftatue pour obtenir
fa guèrifon. Les Grecs, qui étaient un peuple
très-nouveau, tenaient cette fuperftition des Egyptiens : les Prêtres & les Prêtreffes d'Ifis allaient par
le monde difant la bonne avanture, & délivraient
pour de l'argent les fots qui étaient fous l'Empire
de Tiphon. Ils faifaient leurs exorcifmes avec des
tambours de bafque & des caftagnettes, le miférable peuple Juif nouvellement établi dans les rochers
entre la Phénicie, l'Egypte & la Sirie, prit toutes
les fuperftitions de fes voifins : & dans l'excès de
fa brutale ignorance il y ajouta des fuperftitions nouvelles. Lorfque cette petite horde fut efclave à Babilone, elle y apprit les noms du Diable, de Sa-
tan, Afmodée, Mammon, Belzebuth, tous ferviteurs du mauvais principe Arimane. Et ce fut alors
que les Juifs attribuèrent aux Diables les maladies
& les morts fubites. Leurs livres faints qu'ils com-
poferent depuis, quand ils eurent l'alphabet Cal-
déen, parlent quelquefois des Diables.

Vous voyez que quand l'Ange Raphaël defcend
exprès de l'empirée pour faire payer une fomme
d'argent par le Juif Gabel au Juif Tobie, il mène
le petit Tobie chez Raguel, dont la fille avait déja époufé fept maris, à qui le Diable Afmodée
avait tordu le cou. La doctrine du Diable prit
une grande faveur chez les Juifs ; ils admirent

une quantité prodigieufe de Diables dans un enfer, dont les loix du Pentateuque n'avaient jamais dit un feul mot: prefque tous leurs malades furent pos-fédés du Diable. Ils eurent, au lieu de médecins, des exorciftes en titre d'office, qui chaffaient les efprits malins avec la racine nommée *Barath*, des prières & des contorfions.

Les méchants paffèrent pour poffédés encor plus que les malades. Les débauchés, les pervers font toujours appellés enfans de Bélial dans les écrits juifs.

Les Chrétiens qui ne furent pendant cent ans que demi-Juifs, adoptèrent les poffeffions du Dé-mon & fe vantèrent de chaffer le Diable. Ce fou de Tertullien pouffe la manie jufqu'à dire que tout Chrétien contraint avec le figne de la croix, Ju-non, Minerve, Cérès, Diane, à confeffer qu'el-les font des diableffes. La légende raporte qu'un âne chaffait les Diables de Senlis en traçant une croix fur le fable avec fon fabot par le commande-ment de St. Rieule.

Peu à peu l'opinion s'établit que tous les hommes naiffent endiablés & damnés, étrange idée fans doute, idée exécrable, outrage affreux à la Divini-té, d'imaginer qu'elle forme continuellement des êtres fenfibles & raifonnables, uniquement pour être tourmentés à jamais par d'autres êtres éternel-lement plongés eux-mêmes dans les fuplices. Si le bourreau qui en un jour arracha le cœur dans Carlile à dix-huit partifans du Prince Charles E-douard avait été chargé d'établir un dogme, voilà celui qu'il aurait choifi; encore aurait-il fallu qu'il eut été yvre de brandevin: car eut-il eu à la fois l'ame d'un bourreau & d'un Théologien: il n'au-rait jamais pu inventer de fang froid un fyftême où

G 5

tant de milliers d'enfans à la mamelle font livrés
à des bourreaux éternels.

B.

J'ai peur que le Diable ne vous reproche d'être
un mauvais fils qui renie fon père. Vos difcours
bretons paraîtront aux bons Catholiques Romains
une preuve que le Diable vous poflède & que vous
ne voulez pas en convenir ; mais je ferois curieux
de favoir comment cette idée, qu'un être infiniment bon fait tout les jours des milliers d'hommes
pour les damner, a pu entrer dans les cervelles.

A.

Par une équivoque, comme la puiflance Papifti-
que eft fondée fur un jeu de mots, *tu es Pierre*,
& fur cette pierre j'établirai mon Eglife.
Voici l'équivoque qui damne tous les petits enfant. Dieu défend à Eve & à fon mari de manger
de l'arbre de la fcience qu'il avait planté dans fon
jardin; il leur dît, *le jour que vous en mangerez,*
vous mourrez de mort. Ils en mangérent & n'en
moururent point. Au contraire Adam vécut encor
neuf cents trente ans.   Il faut donc entendre une
autre mort; c'eft la mort de l'ame, la damnation.
Mais il n'eft point dit qu'Adam foit damné; ce
font donc fes enfans qui le feront; & comment
cela? C'eft que Dieu condamne le ferpent, qui
avait féduit Eve à marcher fur le ventre, (car auparavant, vous voyez bien qu'il marchait fur fes
pieds.) Et la race d'Adam eft condamnée à être
mordue au talon par le ferpent. Or le ferpent, c'eft
vifiblement le Diable, & le talon qu'il mord, c'eft
notre ame. *L'homme écrafera la tête des ferpens tant*

qu'il pourra; il eſt clair qu'il faut entendre par là le Meſſie qui a triomphé du Diable.

Mais, comment a-t-il écraſé la tête du vieux ſerpent? en lui livrant tous les enfans qui ne ſont pas baptiſés. C'eſt là le myſtère. Et comment les enfans ſont-ils damnés, parce que leur premier père & leur première mère avaient mangé du fruit de leur jardin? C'eſt encor là le myſtère.

C.

Je vous arrête là. N'eſt-ce pas pour Caïn que nous ſommes damnés & non pas pour Adam? Car nous avons la mine de deſcendre de Caïn, ſi je ne me trompe; attendu qu'Abel mourut ſans être marié; & il me paraît qu'il eſt plus raiſonnable d'être damné pour un fratricide que pour une pomme.

A.

Ce ne peut être pour Caïn; car il eſt dit que Dieu le protégea, & lui mit un ſigne, de peur qu'on ne le battît ou qu'on ne le tuât, il eſt dit même qu'il fonda une ville dans le temps qu'il était encor preſque ſeul ſur la terre avec ſon père & ſa mère, ſa ſœur dont il fit ſa femme, & avec un fils nommé Enoc. J'ai vu même un des plus ennuyeux livres intitulé la ſcience du Gouvernement, par un Sénéchal de Forcalquier nommé Réal qui fait dériver les loix, de la Ville bâtie par notre père Caïn.

Mais quoiqu'il en ſoit, il eſt indubitable que les Juifs n'avaient jamais entendu parler du péché originel, ni de la damnation éternelle des petits enfans morts ſans être circoncis. Les Sadducéens qui ne croyaient pas l'immortalité de l'Ame, & les

Pharifiens qui croyaient la métempfycofe, ne pouvaient pas admettre la damnation éternelle, quelque pente qu'ayent les fanatiques à croire les contradictoires.

Jéfu fut circoncis à huit jours, & baptifé étant adulte felon la coutume de plufieurs Juifs qui regardaient le baptême comme une purification des fouillures de l'ame; c'était un ancien ufage des peuples de l'Indus & du Gange, à qui les Brachmanes avaient fait accroire que l'eau lave les péchés comme les vêtemens. Jéfu en un mot circoncis & baptifé, ne parle dans aucun Evangile du péché originel. Aucun Apôtre ne dit que les petits enfans non baptifés feront brulés à tout jamais pour la pomme' d'Adam. Aucun des premiers pères de l'Eglife n'avança cette cruelle chimère: & vous favez d'ailleurs, qu'Adam, Eve, Abel, Caïn n'ont jamais été connus que du petit peuple Juif.

B.

Qui a donc dit cela nettement le premier?

A.

C'eft l'Africain Auguftin, homme d'ailleurs refpectable, mais qui tord quelques paffages de St. Paul, pour en inférer dans fes lettres à Evode, & à Jérome, que Dieu précipite du fein de leurs mères dans les enfers, les enfans qui périffent dans leurs premiers jours. Lifez fur-tout le fecond livre de la revuë de fes ouvrages chap. XLV. *La foi Catholique enfeigne que tous les hommes naiffent fi coupables, que les enfans mêmes font certainement damnés quand ils meurent fans avoir été régénérés en Jefu.*

Il est vrai que la nature soulevée dans le cœur de ce rhéteur, le force à frémir de cette sentence barbare: cependant il la prononce; il ne se rétracte point, lui, qui changea si souvent d'opinion. L'église faisait valoir ce système terrible pour rendre son baptême plus nécessaire. Les communions réformées détestent aujourd'hui ce système. La plûpart des Théologiens n'osent plus l'admettre; cependant, ils continuent à reconnaître que nos enfans appartiennent à l'Enfer. Cela est si vrai que les prêtres en batisant ces petites créatures leur demande si elles renoncent au Diable, & le parrain, qui répond pour elles, est assez bon pour dire ouï.

C.

Je suis content de tout ce que vous avez dit; je pense que la nature de l'homme n'est pas tout-à-fait diabolique. Mais pourquoi dit-on que l'homme est toujours porté au mal?

A.

Il est porté à son bien être, lequel n'est un mal que quand il oprime ses frères. Dieu lui a donné l'amour propre qui lui est utile, la bienveillance qui est utile à son prochain, la colère qui est dangereuse, la compassion qui la désarme; la simpatie avec plusieurs de ses compagnons, l'antipatie envers d'autres; beaucoup de besoins & beaucoup d'industrie, l'instinct, la raison & les passions, voilà l'homme. Quand vous serez des Dieux, essaiez de faire un homme sur un meilleur modèle.

※※※※※※※※※※※※※※※※※※※

QUATRIEME ENTRETIEN,

De la Loi Naturelle, & de la Curiofité.

B.

Nous fommes bien convaincus que l'homme n'eft point un être abfolument deteftable; mais venons au fait; qu'appellez vous jufte & injufte?

A.

Ce qui parait tel à l'univers entier.

C.

L'univers eft compofé de bien des têtes. On dit qu'à Lacédémone on aplaudiffait aux larcins pour lefquels on condamnait aux mines dans Athènes.

A.

Abus de mots. Il ne pouvait fe commettre de larcin à Sparte, lorfque tout y était commun. Ce que vous appellez vol, était la punition de l'avarice.

B.

Il était défendu d'époufer fa fœur à Rome. Il était permis chez les Egyptiens, les Athéniens & même chez les Juifs, d'époufer fa fœur de père: Car malgré le Lévitique, la jeune Thamar dit à fon frère Ammon, mon frère ne me faites pas de fottifes; mais demandez moi en mariage à mon père, il ne vous refufera pas.

A.

Loix de convention que tout cela, usages arbitraires, modes qui passent. L'essentiel demeure toujours. Montrez moi un pays où il soit honnête de me ravir le fruit de mon travail, de violer sa promesse, de mentir pour nuire, de calomnier, d'assassiner, d'empoisonner, d'être ingrat envers son bienfaicteur, de battre son père & sa mère quand ils vous présentent à manger.

B.

Voici ce que j'ai lu dans une déclamation qui a été connue en son temps; j'ai transcrit ce morceau qui me parait singulier.

„ Le premier, qui ayant enclos un terrein s'a-
„ visa de dire, ceci est à moi, & trouva des
„ gens assez simples pour le croire, fut le vrai
„ fondateur de la société civile. Que de crimes,
„ de guerres, de meurtres, que de miseres &
„ d'horreurs n'eût point épargné au genre humain
„ celui, qui arrachant les pieux, ou comblant le
„ fossé, eût crié à ses semblables, gardez-vous
„ d'écouter cet imposteur; vous êtes perdus, si
„ vous oubliez que les fruits sont à tous, & que
„ la terre n'est à personne."

C.

Il faut que ce soit quelque voleur de grand chemin bel esprit, qui ait écrit cette impertinence.

A.

Je soupçonne seulement que c'est un gueux fort paresseux; car au lieu d'aller gâter le terrein d'un voisin sage & industrieux, il n'avait qu'à l'imiter;

& chaque père de famille ayant fuivi cet exemple, voila bientôt un très joli village tout formé. L'auteur de ce paffage me parait un animal bien infociable.

B.

Vous croyez donc qu'en outrageant & en volant le bon homme qui a entouré d'une haie vive fon jardin & fon poulailler, il a manqué aux premiers devoirs de la loi naturelle?

A.

Oui, oui encor une fois, il y a une loi naturelle, & elle ne confifte ni à faire le mal d'autrui, ni à s'en réjouir.

C.

Il y a des gens pourtant qui difent, que rien n'eft plus naturel que de faire du mal. Beaucoup d'enfants s'amufent à plumer leurs moineaux, & il n'y a guères d'hommes faits qui ne courent avec un fecret plaifir fur le rivage de la mer pour jouïr du fpectacle d'un vaiffeau battu par les vents, qui s'entr'ouvre & qui s'engloutit par degrés dans les flots, tandis que les paffagers lèvent les mains au ciel, & tombent dans l'abîme de l'eau avec leurs femmes qui tiennent leurs enfans dans leurs bras. Lucréce en donne la raifon.

Quibus ipfe malis careas quia cernere fuave eft.

On voit avec plaifir les maux qu'on ne fent pas.

A.

Lucréce ne fait ce qu'il dit, & il y eft fort fujét malgré fes belles defcriptions. On court à un tel fpec-

ſpeȼtacle par curioſité. La curioſité eſt un ſentiment naturel à l'homme, mais il n'y a pas un des
ſpeȼtateurs qui ne fît les derniers efforts s'il le
pouvait, pour ſauver ceux qui ſe noient.

Quand les petits garçons & les petites filles dé-
plument leurs moineaux, c'eſt purement par eſprit
de curioſité, comme lorſqu'elles mettent en pièces
les jupes de leurs poupées. C'eſt cette paſſion ſeule
qui conduit tant de monde aux exécutions publiques. *Etrange empreſſement de voir des miſérables!*
a dit l'auteur d'une Tragédie.

Je me ſouviens, qu'étant à Paris lorſqu'on fit
ſoufrir à Damiens une mort des plus recherchées
& des plus affreuſes qu'on puiſſe imaginer, toutes
les fenêtres qui donnaient ſur la place furent louées
chérement par les Dames; aucune d'elles aſſurément ne faiſant la réflexion conſolante qu'on ne la
tenaillerait point aux mammielles, qu'on ne verſe-
rait point du plomb fondu & de la poix raiſine
bouillante dans ſes playes, & que quatre chevaux
ne tireraient point ſes membres diſloqués & ſan-
glants. Un des bourreaux jugea plus ſainement
que Lucrèce; car lorſqu'un des Académiciens de
Paris voulut entrer dans l'enceinte pour examiner
la choſe de plus près, & qu'il fut repouſſé par les
archers, *laiſſez entrer, Monſieur*, dit-il, *c'eſt un
amateur*. C'eſt-à-dire, c'eſt un curieux; ce n'eſt
pas par méchanceté qu'il vient ici, ce n'eſt pas par
un retour ſur ſoi-même, pour gouter le plaiſir de
n'être pas écartelé: c'eſt uniquement par curioſité
comme on va voir des expériences de Phyſique.

B.

Soit; je conçois que l'homme n'aime & ne fait
le mal que pour ſon avantage; mais tant de gens

H

font portés à fe procurer leur avantage par le malheur d'autrui, la vengeance eſt une paſſion ſi violente, il y en a des exemples ſi funeſtes; l'ambition plus fatale encore a inondé la terre de tant de
ſang, que lorſque je m'en retrace l'horrible tableau,
je ſuis tenté de me rétraƈter, & d'avouer que
l'homme eſt très-diabolique. J'ai beau avoir dans
mon cœur la notion du juſte & de l'injuſte. Un Attila que St. Léon courtiſe, un Phocas que St. Grégoire flate avec la plus lâche baſſeſſe, un Alexandre
VI. ſouillé de tant d'inceſtes, de tant d'homici-
des, de tant d'empoiſonnements, avec lequel le
faible Louis XII. qu'on appelle *bon*, fait la plus
indigne & la plus étroite alliance; un Cromwel
dont le Cardinal Mazarin recherche la proteƈtion,
& pour qui il chaſſe de France les héritiers de
Charles I. couſins germains de Louis XIV. &c.
&c. &c. Cent exemples pareils dérangent mes
idées, & je ne fais plus où j'en ſuis.

A.

Eh bien, les orages empêchent-ils que nous ne
jouiſſions aujourd'hui d'un beau ſoleil? le tremble-
ment qui a détruit la moitié de la ville de Lisbon-
ne, empêche-t-il que vous n'ayez fait très-commo-
dément le voyage de Madrid à Rome ſur la terre
affermie? Si Attila fut un brigand & le Cardinal
Mazarin un fripon, n'y a-t-il pas des Princes &
des Miniſtres honnêtes gens? & l'idée de la juſtice ne ſubſiſte-t-elle pas toujours? C'eſt ſur elle que
ſont fondées toutes les loix; les Grecs les appellaient *filles du Ciel*; cela ne veut dire que filles de
la nature.

C.

N'importe, je fuis prêt de me retracter auffi; car je vois qu'on n'a fait des loix que parce que les hommes font méchants. Si les chevaux étaient toujours dociles, on ne leur aurait jamais mis de frein. Mais fans perdre notre temps à fouiller dans la nature de l'homme, & à comparer les prétendus fauvages aux prétendus civilifez; voyons quel eft le mords qui convient le mieux à notre bouche.

A.

Je vous avertis que je ne faurais fouffrir qu'on me bride fans me confulter; que je veux me brider moi-même, & donner ma voix pour favoir au moins qui me montera fur le dos.

C.

Nous fommes à peu-près de la même écurie.

CINQUIEME ENTRETIEN.

*Des Manières de perdre & de garder fa liberté, &
de la théocratie.*

B.

MOnfieur A, vous me paraiffez un Anglais très profond; comment imaginez vous que fe foient établis tous ces Gouvernements dont on a peine à retenir les noms, monarchique, defpotique, ty-rannique, oligarchique, ariftocratique, démocratique, anarchique, théocratique, diabolique, & les autres qui font mêlés de tous les précédents?

C.

Oui, chacun fait fon roman, parce que nous n'avons point d'hiftoire véritable. Dites-nous Monfieur A, quel eft votre roman.

A.

Puifque vous le voulez, je m'en vais donc perdre mon tems à vous parler, & vous le vôtre à m'écouter.

J'imagine d'abord, que deux petites peuplades voifines, compofées chacune d'environ une centaine de familles, font féparées par un ruiffeau, & cultivent un affez bon terrein: car fi elles fe font fixées en cet endroit, c'eft que la terre y eft fertile.

Comme chaque individu a reçu également de la nature deux bras, deux jambes & une tête, il me parait impoffible que les habitans de ce petit canton n'ayent pas d'abord été tous égaux. Et comme ces deux peuplades font féparées par un ruiffeau, il me parait encor impoffible qu'elles n'ayent pas été ennemies; car il y aura eu néceffairement quelque différence dans leur maniere de prononcer les mêmes mots. Les habitans du midi du ruiffeau fe feront furement moqués de ceux qui font au nord; & cela ne fe pardonne point. Il y aura eu une grande émulation entre les deux villages; quelque fille, quelque femme aura été enlevée. Les jeunes gens fe feront battus à coups de poings, de gaules & de pierres à plufieurs reprifes. Les chofes étant égales jufques-là de part & d'autre, celui qui paffe pour le plus fort & le plus habile du village du nord, dit à fes compagnons, fi vous voulez me fuivre & faire ce que je vous dirai, je vous rendrai les maîtres du village du midi. Il parle avec tant d'affurance qu'il obtint leurs fuffrages. Il leur fait prendre de meilleures armes que n'en a la peuplade oppofée. Vous ne vous êtes battus jufqu'à préfent qu'en plein jour, leur dit-il, il faut attaquer vos ennemis pendant qu'ils dorment. Cette idée parait d'un grand génie à la fourmilliere du feptentrion; elle attaque la fourmilliere méridionale dans la nuit, tue quelques habitans dormeurs, en eftropie plufieurs (comme firent noblement Ulyffe & Refus,) enlève les filles & le refte du betail, après quoi, la bourgade victorieufe fe querelle néceffairement pour le partage des dépouilles. Il eft naturel qu'ils s'en rapportent au chef qu'ils ont choifi pour cette expédition héroïque. Le voilà donc établi Capitaine & Juge. L'invention de furprendre, de voler & de tuer fes voifins a imprimé la terreur dans le Midi, & le refpect dans le Nord.

Ce nouveau chef, paffe dans le pays pour un grand homme; on s'accoutume à lui obéir. & lui encor plus à commander. Je crois que ce pourrait bien être là l'origine de la Monarchie.

C.

Il eft vrai que le grand art de furprendre, tuer & voler eft un héroïfme de la plus haute antiquité. Je ne trouve point de ftratagême de guerre dans Frontin comparable à celui des enfans de Jacob, qui venaient en effet du nord, & qui furprirent, tuerent & volerent les Sichemites qui demeuraient au midi. C'eft un rare exemple de faine politique & de fublime valeur. Car le fils du Roi de Sichem étant éperduement amoureux de Dina fille du Patriarche Jacob, laquelle ayant fix ans tout au plus, était déjà nubile; & les deux amants ayant couché enfemble, les enfans de Jacob propoferent au Roi de Sichem, au Prince fon fils & à tous les Sichemites de fe faire circoncire pour ne faire emfemble qu'un feul peuple; & fitôt que les Sichemites s'étant coupés le prépuce fe furent mis au lit, deux Patriarches, Siméon & Lévi, furprirent eux feuls tous les Sichemites & les tuèrent, & les dix autres Patriarches les volèrent. Cela ne cadre pas pourtant avec votre fyftême: car c'étaient les furpris, les tués & les volés qui avaient un Roi, & les affaffins & les voleurs n'en avaient pas encore.

A.

Apparemment que les Sichemites avaient fait autrefois quelque belle action pareille, & qu'à la longue leur chef était devenu Monarque. Je conçois qu'il y eut des voleurs qui eurent des chefs, & d'autres voleurs qui n'en eurent point. Les Arabes du défert, par exemple, furent prefque toujours des voleurs républicains; mais les Perfans, les Mèdes furent des voleurs monarchiques. Sans difcuter avec vous les prépuces de Sichem & les voleries des Arabes, j'ai dans la tête, que la guerre offenfive à fait les premiers Rois, & que la guerre défenfive a fait les premières Répuliques.

Un chef de brigands tels que Déjoces, (s'il a exifté,) ou Cofrou nommé Cirus, ou Romulus affaffin de fon frere, ou Clovis autre affaffin, Genferic, Attila, fe font Rois: les peuples qui demeurent dans des cavernes, dans des Iles, dans des marais, dans des gorges de montagnes, dans des rochers, conservent leur liberté, comme les Suisses, les Grisons, les Vénitiens, les Génois. On vit autrefois les Tyriens, les Carthaginois & les Rhodiens conserver la leur, tant qu'on ne put aborder chez eux par mer. Les Grecs furent longtems libres dans un pays hérissé de montagnes; les Romains dans leurs sept colines reprirent leur liberté dès qu'ils le purent, & l'ôtérent ensuite à plusieurs peuples en les surprenant, en les tuant & en les volant, comme nous l'avons déjà dit. Et enfin la terre appartint partout au plus fort & au plus habile.

A mesure que les esprits se sont rafinés, on a traité les Gouvernements comme les étoffes dans lesquelles on a varié les fonds, les desseins & les couleurs. Ainsi la monarchie d'Espagne est aussi différente de celle d'Angleterre que le climat. Celle de Pologne ne ressemble en rien à celle d'Angleterre. La république de Venise est le contraire de celle de Hollande.

C,

Tout cela est palpable; mais parmi tant de formes de gouvernement, est-il bien vrai qu'il y ait jamais eu une Théocratie?

Cela est si vrai que la Théocratie est encor partout, & que du Japon à Rome on vous montre des loix émanées de Dieu même.

B.

Mais ces loix sont toutes différentes, toutes se combattent. La raison humaine, peut très-bien ne pas comprendre que Dieu soit descendu sur la terre pour ordonner le pour & le contre; pour commander aux Egyptiens & aux Juifs, de ne jamais manger de cochon après s'être coupé le prépuce, & pour nous laisser à nous des prépuces & du porc frais. Il n'a pu défendre l'anguille & le lievre en Palestine, en permettant le lievre en Angleterre, & en ordonnant l'anguille aux Papistes les jours maigres. J'avoue que je tremble d'examiner. Je crains de trouver là des contradictions.

A.

Bon, les médecins n'ordonnent-ils pas des remedes contraires dans les mêmes maladies? L'un vous ordonne le bain froid, l'autre le bain chaud; celui-ci vous saigne, celui-là vous purge, cet autre vous tue. Un nouveau venu empoisonne votre fils, & devient l'oracle de votre petit-fils.

C.

Cela est curieux. J'aurais bien voulu voir, en exceptant Moyse & les autres véritablement inspirés, le premier impudent qui osa faire-parler Dieu.

A.

Je pense qu'il était un composé de fanatisme & de fourberie. La fraude seule ne suffirait pas, elle fascine & le fanatisme subjugue. Il est vraisemblable, comme dit un de mes amis, que ce métier commença par les rêves. Un homme d'une imagination allumée voit en songe son pere & sa mere mourir, ils sont tous deux vieux & malades, ils meurent, le rêve est accompli, le voilà persuadé qu'un Dieu lui a parlé en songe. Pour peu qu'il soit audacieux & fripon, (deux choses

très-communes,) il se met à prédire au nom de
ce Dieu. Il voit, que dans une guerre ses com-
patriotes sont six contre un, il leur prédit la victoire à condition qu'il aura la dixme du butin.

Le métier est bon, mon charlatan forme des éle-
ves qui ont tous le même intérêt que lui. Leur
autorité augmente par leur nombre. Dieu leur
révèle que les meilleurs morceaux des moutons &
des bœufs, les volailles les plus grasses, la mere
goute du vin leur appartiennent.

The priests eat roast beef, and the people stare.

Le Roi du pays fait d'abord un marché avec eux
pour être mieux obéi par le peuple; mais bientôt
le monarque est la dupe du marché: les charlatans
se servent du pouvoir que le monarque leur a laissé
prendre sur la canaille pour l'asservir lui même. Le
monarque regimbe, le prêtre le dépossède au nom
de Dieu. Samuel détrone Saül, Grégoire VII.
détrône Henri IV. & le prive de la sépulture. Ce
sistême diabolico-théocratique dure jusqu'a-ce qu'il
se trouve des princes assez bien élevés, & qui aient
assez d'esprit & de courage pour rogner les ongles
aux Samuels & aux Grégoires. Telle est, ce me
semble, l'histoire du genre humain.

Il n'est pas besoin d'avoir lû pour juger que les
choses ont dû se passer ainsi. Il n'y a qu'à voir la
populace imbécile d'une ville de province dans laquelle il y a deux couvents de moines, quelques
magistrats éclairés & un Commandant qui a du bon
sens. Le peuple est toujours prêt à s'attrouper autour des Cordeliers & des Capucins. Le Commandant veut les contenir. Le Magistrat fâché contre
le Commandant, rend un Arrêt qui ménage un peu
l'insolence des moines & la crédulité du peuple.
L'Evêque est encor plus fâché, que le Magistrat se

H 5

foit mêlé d'une affaire divine. Et les moines ref-
tent puiſſans juſqu'à ce qu'une révolution les aboliſſe.

Hominum mores tibi noſſe volenti
Sufficit una domus.

ୠୠୠୠୠୠୠୠୠୠୠ:ୠୠୠ

SIXIEME ENTRETIEN,

Des trois gouvernements, & de mille erreurs anciennes.

B.

ALlons au fait. Je vous avouerai que je m'ac-
comoderais aſſez d'un gouvernement démocratique.
Je trouve que ce philoſophe avait tort, qui diſait
à un partiſan d'un gouvernement populaire, *com-*
mence par l'eſſayer dans ta maiſon, tu t'en repentiras
bien vite. Avec ſa permiſſion, une maiſon & une
ville ſont deux choſes fort différentes. Ma maiſon eſt à moi, mes enfants ſont à moi; mes domeſtiques quand je les paye ſont à moi; mais de
quel droit mes concitoyens m'apartiendraient-ils?
tous ceux qui ont des poſſeſſions dans le même territoire, ont droit également au maintien de l'ordre
dans ce territoire. J'aime à voir des hommes libres faire eux-mêmes les loix ſous leſquelles ils vivent, comme ils ont fait leurs habitations. C'eſt
un plaiſir pour moi, que mon Maçon, mon Char-
pentier, mon Forgeron qui m'ont aidé à bâtir mon
logement, mon voiſin l'Agriculteur, & mon ami
le Manufacturier, s'élèvent tous au-deſſus de leur
métier, & connaiſſent mieux l'intérêt public que
le plus inſolent Chiaoux de Turquie. Aucun labou-

reur aucun artifan dans une démocratie n'a la ve-
xation & le mépris à redouter ; aucun n'eft dans le
cas de ce Chapelier qui préfentait fa Requête à un
Duc & Pair pour être payé de fes fournitures ; Eft-
ce que vous n'avez rien reçu, mon ami, fur votre
partie? Je vous demande pardon, Monfeigneur,
j'ai reçu un fouflet de Monfeigneur, votre Inten-
dant.

Il eft bien doux de n'être point expofé à être
trainé dans un cachot pour n'avoir pu payer à un
homme qu'on ne connait pas, un impôt dont on
ignore la valeur & la caufe, & jufqu'à l'exiftence.

Etre libre, n'avoir que des égaux, eft la vraie
vie, la vie naturelle de l'homme; toute autre, eft
un indigne artifice, une comédie mauvaife, où
l'un joue le perfonnage de maître, l'autre, d'efclave, celui-là, de Parafite, & cet autre, d'entre-
meteur. Vous m'avouerez que les hommes ne
peuvent être defcendus de l'état naturel que par la-
cheté & par bêtife.

C.

Cela eft clair : perfonne ne peut avoir perdu fa
liberté que pour n'avoir pas fçu la défendre. Il y
a eu deux maniéres de la perdre; c'eft, quand les
fots ont été trompés par des fripons, ou quand les
faibles ont été fubjugués par les forts. On parle
de je ne fais quels vaincus, à qui je ne fais quels
vainqueurs firent crever un œil, il y a des peuples
à qui on a crevé les deux yeux comme aux vieilles
roffes à qui on fait tourner la meule. Je veux garder mes yeux; je m'imagine qu'on en creve un
dans l'état ariftocratique, & deux dans l'état monarchique.

A.

Vous parlez comme un citoyen de la Nord-Hollande, & je vous le pardonne.

C.

Pour moi, je n'aime que l'aristocratie; le peuple n'est pas digne de gouverner. Je ne sçaurais souffrir que mon perruquier soit légiflateur. J'aimerais mieux ne porter jamais de perruque; il n'y a que ceux qui ont reçu une très-bonne éducation, qui foient faits pour conduire ceux qui n'en ont reçû aucune. Le gouvernement de Venife est le meilleur; cette aristocratie est le plus ancien état de l'Europe. Je mets après lui le gouvernement d'Allemagne. Faites moi noble Vénitien ou Comte de l'Empire; je vous déclare que je ne peux vivre joyeufement que dans l'une ou dans l'autre de ces deux conditions.

A.

Vous êtes un Seigneur riche, Monfieur C, & j'approuve fort votre façon de penfer. Je vois que vous feriez pour le gouvernement des Turcs fi vous étiez Empereur de Conftantinople. Pour moi, quoique je ne fois que membre du Parlement de la grande Bretagne, je regarde ma conftitution comme la meilleure de toutes; & je citerai pour mon garant un témoignage qui n'est pas récufable, c'est celui d'un français, qui, dans un poëme confacré aux vérités & non aux vaines fictions, parle ainfi de nôtre gouvernement.

Aux murs de Veftminfter on voit paraître enfemble,
Trois pouvoirs étonnés du nœud qui les raffemble,

Les Députés du peuple, & les grands & le Roi,
Divifez d'intéret, réunis par la Loi.
Tous trois Membres facrés de ce corps invincible.
Dangereux à lui-même ! à fes voifins terrible.

C.

Dangereux à lui-même ! Vous avez donc de très-grands abus chez vous ?

A.

Sans doute, comme il en fût chez les Romains, chez les Athéniens, & comme il y en aura toujours chez les hommes. Le comble de la perfection humaine, eft d'être puiffant & heureux avec des abus énormes ; & c'eft à quoi nous fommes parvenus. Il eft dangereux de trop manger ; mais je veux que ma table foit bien garnie.

B.

Voulez-vous que nous ayons le plaifir d'examiner à fond tous les gouvernements de la terre depuis l'Empereur Chinois Hiao, & depuis la horde Hébraïque jufqu'aux dernieres diffentions de Ragufe & de Genève ?

A.

Dieu m'en préferve ! Je n'ai que faire de fouiller dans les archives des étrangers pour régler mes comptes. Affez de gens qui n'ont pu gouverner une fervante & un valet, fe font mélés de régir l'Univers avec leur plume. Ne voudriez-vous pas que nous perdiffions notre temps à lire enfemble le livre de Boffuet Evêque de Meaux, intitulé *la Politique de l'Ecriture Sainte* ? Plaifante politique que

celle d'un malheureux peuple, qui fût fanguinaire
fans être guerrier, ufurier fans être commerçant,
brigand fans pouvoir conferver fes rapines, prefque toujours efclave & prefque toujours révolté,
vendu au marché par Titus & par Adrien; comme
on vend l'animal que ces Juifs appellaient immon-
de, & qui était plus útile qu'eux. J'abandonne au
déclamateur Boffuet la politique des roitelets de Ju-
da & de Samarie, qui ne connurent que l'affaffinat; à commencer par leur David, lequel ayant
fait le métier de brigand pour être Roi, affaffina
Urie dès qu'il fût le maître; & ce fage Salomon
qui commença par affaffiner Adonian fon propre
frere au pied de l'Autel. Je fuis las de cet abfurde pedantifme qui confacre l'hiftoire d'un tel peuple à l'inftruction de la jeuneffe.

Je ne fuis pas moins las de tous les livres dans
lefquels on nous répète les fables d'Hérodote & de
fes femblables fur les anciennes Monarchies de
l'Afie, & fur les Républiques qui ont difparu.

Qu'ils nous redifent qu'une Didon, fœur prétendue de Pigmalion, (qui ne font point des noms
Phéniciens,) s'enfuit de Phénicie pour acheter en
Afrique autant de terrein qu'en pourrait contenir
un cuir de bœuf, & que le coupant en lanières,
elle entoura de ces lanières un territoire immenfe
où elle fonda Carthage: que ces hiftoriens roman-
ciers parlent après tant d'autres, & que tant d'autres nous parlent après eux des oracles d'Apollon
accomplis, & de l'anneau de Gigès & des oreilles
de Smerdis, & du cheval de Darius qui fit fon
maître Roi de Perfe; qu'on s'étende fur les loix de
Carondas, qu'on nous répète que la petite ville de
Sibaris mit trois cents mille hommes en campagne
contre la petite ville de Crotone qui ne pût armer

que cent mille hommes; il faut mettre toutes ces histoires avec la louve de Romulus & de Remus, le cheval de Troye, & la Baleine de Jonas.

Laissons donc là toute la pretendue histoire ancienne: & à l'égard de la moderne, que chacun cherche à s'instruire par les fautes de son pays, & par celles de ses voisins, la leçon sera longue; mais aussi, voyons toutes les belles institutions par lesquelles les nations modernes se signalent, cette leçon sera longue encore.

B.

Et que nous apprendra-t-elle?

A.

Que plus les loix de convention se rapprochent de la loi naturelle, & plus la vie est supportable.

C.

Voyons donc.

SEPTIEME ENTRETIEN,

Que l'Europe Moderne vaut mieux que l'Europe Ancienne.

C.

Seriez-vous assez hardi, pour me soutenir que vous autres Anglais, vous valez mieux que les Athéniens & les Romains, que vos combats de coqs ou de gladiateurs dans une enceinte de planches pourries, l'emportent sur le colisée? les savetiers & les boufons qui jouent leurs roles dans vos tragédies, sont-ils supérieurs aux héros de Sophocle?

vos orateurs font-ils oublier Ciceron & Démofthé-
ne ? & enfin, Londre eft-elle mieux policée que
l'ancienne Rome ?

A.

Non ; mais Londres vaut dix mille fois mieux
qu'elle ne valait alors, & il en eft de même du
refte de l'Europe.

B.

Ah! exceptez-en je vous prie la Grèce, qui
obéit au Grand Turc, & la malheureufe partie
de l'Italie qui obéit au Pape.

A.

Je les excepte auffi ; mais fongez que Paris qui
n'eft que d'un dixième moins grand que Londre,
n'était alors qu'une petite cité barbare. Amfterdam n'était qu'un marais, Madrid un défert ;
& de la rive droite du Rhin jufqu'au golfe de
Bothnie, tout était fauvage, les habitans de ces
climats vivaient comme les Tartares ont toujours
vécu dans l'ignorance, dans la difette, dans la
barbarie.

Comptez-vous pour peu de chofe qu'il y ait aujourd'hui des philofophes fur le trône à Berlin, en
Suède, en Dannemarck, en Pologne, en Ruffie,
& que les découvertes de notre grand Newton
foient devenues le cathéchifme de la nobleffe de
Mofcou & de Petersbourg.

C.

Vous m'avoüerez qu'il n'en eft pas de même fur
les bords du Danube, & du Manfanarès ; la lumière eft venue du Nord ; car vous êtes gens
du

du Nord par rapport à moi qui suis né sous le quarante-cinquième degré; mais toutes ces nouveautés font-elles qu'on soit plus heureux dans tous ces pays là, qu'on ne l'était quand César descendit dans votre Isle, où il vous trouva à moitié nuds?

A.

Je le crois fermement; de bonnes maisons, de bons vêtemens, de la bonne chère, avec de bonnes loix & de la liberté, valent mieux que la disette, l'anarchie & l'esclavage. Ceux qui sont mécontents de Londres n'ont qu'à s'en aller aux Orcades, ils y vivront comme nous vivions à Londres du temps de César: Ils mangeront du pain d'avoine, & s'égorgeront à coup de couteau pour un poisson seché au soleil, & pour une cabanne de paille. La vie sauvage a ses charmes, ceux qui la prêchent n'ont qu'à donner l'exemple.

B.

Mais au moins ils vivraient sous la loi naturelle. La pure nature n'a jamais connu ni débats de Parlement, ni prérogatives de la Couronne, ni compagnie des Indes, ni l'impôt de trois shellings par livre sur son champ & sur son pré, & d'un shelling par fenêtre. Vous pourrez bien avoir corrompu la nature; elle n'est point altérée dans les Isles Orcades & chez les Topinambous.

A.

Et si je vous disais que ce sont les sauvages qui corrompent la nature, & que c'est nous qui la suivons.

I

C.

Vous m'étonnez, quoi! c'eſt ſuivre la nature
que de ſacrer un Archévêque de Cantorbery? d'appeller un Allemand, tranſplanté chez vous, votre
majeſté; de ne pouvoir épouſer qu'une ſeule femme? & de payer plus du quart de votre revenu
tous les ans? ſans compter bien d'autres transgreſ-
ſions contre la nature dont je ne parle pas.

A.

Je vais pourtant vous le prouver, ou je me
trompe fort. N'eſt-il pas vrai que l'inſtinct & le
jugement ces deux fils ainés de la nature, nous
enſeignent à chercher en tout nôtre bien être, &
à procurer celui des autres, quand leur bien être
fait le nôtre évidemment? N'eſt-il pas vrai que ſi
deux vieux Cardinaux ſe rencontraient à jeun &
mourants de faim ſous un prunier, ils s'aideraient
tous deux machinalement à monter ſur l'arbre pour
cueillir des prunes, & que deux petits coquins de
la forêt noire ou des Chicachas en feraient autant?

B.

Eh bien, qu'en voulez-vous conclure?

A.

Ce que ces deux Cardinaux & les deux Manga-
geats en conclurront, que dans tous les cas pareils
il faut s'entr'aider. Ceux qui fourniront le plus de
ſecours à la ſociété, feront donc ceux qui ſuivront
la nature de plus près. Ceux qui inventeront les
arts, (ce qui eſt un grand don de Dieu,) ceux qui
propoſeront des loix, ce qui eſt infiniment plus
aiſé, feront donc ceux qui auront le mieux obéi à

la loi naturelle, donc plus les arts feront cultivés, & les propriétés plus affurées; plus la loi naturelle aura été en effet obfervée. Donc, lorfque nous convenons de payer trois fhellings en commun par livre fterling, pour jouïr plus furement de dix-fept autres fhelings; quand nous convenons de choifir un Allemand pour être, fous le nom de Roi, le confervateur de notre liberté, l'arbitre entre les Lords & les Communes, le chef de la République, quand nous n'époufons qu'une feule femme par œconomie, & pour avoir la paix dans la maifon, quand nous tolérons (parce que nous fommes riches,) qu'un Archevêque de Cantorbery ait douze mille pièces de revenu pour foulager les pauvres, pour prêcher la vertu s'il fçait prêcher, pour entretenir la paix dans le Clergé &c. &c. Nous faifons plus que de perfectionner la loi naturelle, nous allons au-delà du but; mais le fauvage ifolé & brute (s'il y a de tels animaux fur la terre, ce dont je doute fort.) Que fait-il du matin au foir, que de pervertir la loi naturelle en étant inutile à lui-même, & à tous les hommes?

Une abeille qui ne ferait ni miel ni cire, une hirondelle qui ne ferait pas fon nid, une poule qui ne pondrait jamais, corrompraient leur loi naturelle qui eft leur inftinct. Les hommes infociables corrompent l'inftinct de la nature humaine.

C.

Ainfi, l'homme déguifé fous la laine des moutons, ou fous l'excrément des vers-à-foye inventant la poudre à canon pour fe détruire; & allant chercher la vérole à deux mille lieues de chez lui; c'eft là l'homme naturel, & le Brazilien tout nud, eft l'homme artificiel?

A.

Non; mais le Brazilien eſt un animal qui n'a pas
encor atteint le complément de ſon eſpéce. C'eſt
un oiſeau qui n'a ſes plumes que fort tard, une
chenille enfermée dans ſa fève, qui ne ſera papil-
lon que dans quelques ſiècles. Il aura peut-être un
jour des Newton & des Lokes, & alors il aura
rempli toute l'étendue de la carrière humaine;
ſuppoſé que les organes du Brazilien ſoient aſſez
forts & aſſez ſouples pour arriver à ce terme; car
tout dépend des organes. Mais que m'importe
après tout, le caractère d'un Brazilien & les ſenti-
ments d'un Topinambou? Je ne ſuis ni l'un ni
l'autre, je veux être heureux chez moi à ma façon. Il faut examiner l'état où l'on eſt, & non
l'état où l'on ne peut être.

HUITIEME ENTRETIEN,

Des Serfs de Corps.

B.

Il me parait que l'Europe eſt aujourd'hui comme
une grande foire. On y trouve tout ce qu'on croit
néceſſaire à la vie; il y a des corps de garde pour
veiller à la ſureté des Magazins, des fripons qui
gagnent aux trois dez l'argent que perdent les du-
pes; des fénéants qui demandent l'aumône, & des
marionnettes dans le préau.

A.

Tout cela eft de convention comme vous voyez; & ces conventions de la foire font fondées fur les befoins de l'homme, fur fa nature, fur le dévelopement de fon intelligence, fur la caufe première qui pouffe le reffort des caufes fecondes. Je fuis perfuadé qu'il en eft ainfi dans une République de fourmis; nous les voyons toujours agir fans bien démêler ce quelles font; elles ont l'air de courir au hazard, elles jugent peut-être ainfi de nous; elles tiennent leur foire comme nous la nôtre. Pour moi, je ne fuis pas abfolument mécontent de ma boutique.

C.

Parmi les conventions qui me déplaifent de cette grande foire du monde, il y en a deux fur-tout qui me mettent en colère; c'eft qu'on y vende des efclaves, & qu'il y ait des charlatans dont on paye l'orviétan beaucoup trop cher. Montefquieu m'a fort réjouï dans fon chapitre des Nègres. Il eft bien comique, il triomphe en s'égayant fur notre injuftice.

A.

Nous n'avons pas à la vérité le droit naturel d'aller garotter un citoyen d'Angola pour le mener travailler à coups de nerf de bœuf à nos fucreries de la Barbade, comme nous avons le droit naturel de mener à la chaffe le chien que nous avons nourri. Mais nous avons le droit de convention. Pourquoi ce nègre fe vend-il? ou pourquoi fe laiffe-t-il vendre! je l'ai acheté, il m'appartient; quel tort lui fais-je? Il travaille comme un cheval, je le nourris mal; je l'habille de même, il eft battu quand

I 3

il défobéit ; y a-t-il là de quoi tant s'étonner ? trai-
tons nous mieux nos foldats ? N'ont-ils pas perdu
abfolument leur liberté comme ce nègre ? La feule
différence entre le nègre & le guerrier, c'eft que,
le guerrier coute bien moins.　Un beau nègre revient à préfent à cinq cents écus au moins, & un
beau foldat en coute à peine cinquante.　Ni l'un
ni l'autre ne peut quitter le lieu où il eft confiné,
l'un & l'autre font battus pour la moindre faute.
Le falaire eft à peu près le même ; & le nègre a
fur le foldat l'avantage de ne point rifquer fa vie,
& de la paffer avec la négreffe & fes négrillons.

B.

Quoi ! vous croyez donc qu'un homme peut
vendre fa liberté qui n'a point de prix ?

A.

Tout a fon tarif : tant pis pour lui, s'il me
vend à bon marché quelque chofe de fi précieux.
Dites qu'il eft un imbécile ; mais ne dites pas que
je fuis un coquin.

Il me femble que Grotius (Liv. II. chap. V.)
aprouve fort l'efclavage ; il trouve même la condition d'un efclave beaucoup plus avantageufe que
celle d'un homme de journée qui n'eft pas toujours
fûr d'avoir du pain.

Mais Montefquieu regarde la fervitude comme
une efpèce de péché contre nature. Voilà un Hol-
landois Citoyen libre qui veut des efclaves, & un
Français qui n'en veut point, il ne croit pas même au droit de la guerre.

C.

Et quel autre droit peut-il donc y avoir dans la

guerre que celui du plus fort? Je fupofe que je
me trouve en Amérique engagé dans une action
contre des Efpagnols. Un Efpagnol m'a bleffé,
je fuis prêt à le tuer; il me dit, brave Anglais né
me tue pas, & je te fervirai. J'accepte la propofition, je lui fais ce plaifir, je le nourris d'ail, &
d'oignons; il me lit les foirs Don Quichotte à mon
coucher, quel mal y a-t-il à cela s'il vous.plait?
Si je me rends à un Efpagnol aux mêmes conditions, quel reproche ai-je à lui faire? Il n'y a dans
un marché que ce qu'on y met, comme dit l'Empereur Juftinien.

Montefquieu n'avoue-t-il pas lui-même qu'il y
a des peuples d'Europe chez lefquels il eft fort com.
mun de fe vendre, comme par exemple les Ruffes?

B.

Il eft vrai qu'il le dit (*), & qu'il cite le Capitaine Jean Perri dans l'état préfent de la Ruffie;
mais il cite à fon ordinaire. Jean Perri dit précifément le contraire (†). Voici fes propres mots,
*Le Czar a ordonné que perfonne ne fe dirait à l'avenir
fon efclave, fon Golup; mais feulement Raab qui fi-
gnifie fujet. Il eft vrai que ce peuple n'en tire aucun
avantage réel, car il eft encor aujourd'hui efclave.*

En effet, tous les cultivateurs, tous les habitans
des terres apartenantes aux Boyards ou aux Prêtres
font efclaves. Si l'Impératrice de Ruffie commence à créer des hommes libres, elle rendra par là
fon nom immortel.

Au refte à la honte de l'humanité les agriculteurs, les artifans, les bourgeois qui ne font pas
Citoyens des grandes Villes font encor efclaves,

(*) Liv. XV. Chap. VI.   (†) Pag. 228.

I 4

ſerfs de glêbe, en Pologne, en Bohême, en Hon‑
grie, en pluſieurs Provinces de l'Allemagne, dans
la moitié de la Franche Comté, dans le quart de
la Bourgogne; & ce qu'il y a de contradiƈtoire,
c'eſt, qu'ils ſont eſclaves des prêtres. Il y a tel
Evêque qui n'a guères que des ſerfs de glêbe de
main morte, dans ſon territoire. Telle eſt l'hu‑
manité, telle eſt la charité Chrétienne. Quant
aux eſclaves faits pendant la guerre, on ne voit
chez les Religieux, Chevaliers de Malte, que des
eſclaves de Turquie ou des côtes d'Afrique en‑
chaînés aux rames de leurs galères Chrétiennes.

A.

Par ma foi ſi des Evêques, & des Religieux
ont des eſclaves, je veux en avoir auſſi.

B.

Il ferait mieux que perſonne n'en eût.

C.

La choſe arrivera infailliblement quand la paix
perpétuelle de l'Abbé de St. Pierre ſera ſignée par
le grand Turc & par toutes les Puiſſances, &
qu'on aura bâti la Ville d'Arbitrage auprès du trou
qu'on vouloit percer juſqu'au centre de la terre
pour ſavoir bien préciſément comment il faut ſe
conduire ſur ſa ſurface.

———————————————————————

NEUVIEME ENTRETIEN,

Des Eſprits Serfs.

B.

SI vous admettez l'eſclavage du corps, vous ne
permettez pas du moins l'eſclavage des eſprits?

A.

Entendons nous s'il vous plait. Je n'admets point l'efclavage du corps parmi les principes de la fociété. Je dis feulement qu'il vaut mieux pour un vaincu étre efclave que d'être tué, en cas qu'il aime plus la vie que la liberté.

Je dis que le nègre qui fe vend eft un fou, & que le pere nègre qui vend fon négrillon eft un barbare; mais que je fuis un homme fort fenfé d'acheter ce nègre & de le faire travailler à ma fucrerie. Mon intérêt, eft qu'il fe porte bien, afin qu'il travaille. Je ferai humain envers lui, & je n'exige pas de lui plus de reconnoiffance que de mon cheval, à qui je fuis obligé de donner de l'avoine fi je veux qu'il me ferve. Je fuis avec mon cheval à peu près comme Dieu avec l'homme. Si Dieu a fait l'homme pour vivre quelques minutes dans l'écurie de la terre, il fallait bien qu'il lui procurât de la nourriture; car il ferait abfurde qu'il lui eût fait préfent de la faim & d'un eftomac, & qu'il eût oublié de le nourrir.

C.

Et fi votre efclave vous eft inutile?

A.

Je lui donnerai fa liberté fans contredit dût-il s'aller faire moine.

B.

Mais l'efclavage de l'efprit comment le trouvez-vous?

A.

Qu'appellez-vous efclavage de l'efprit?

I 5

B.

J'entends cet uſage où l'on eſt, de plier l'eſprit de nos enfants comme les femmes Caraïbes pétriſ-ſent la tête des leurs; d'apprendre d'abord à leur bouche à balbutier des ſottiſes dont nous nous moquons nous mêmes; de leur faire croire ces ſottiſes; dès qu'ils peuvent commencer à croire; de prendre ainſi tous les ſoins poſſibles pour ren-dre une nation idiote, puſillanime, & barbare; d'inſtituer enfin des loix qui empêchent les hom-mes d'écrire, de parler, & même de penſer, com-me Arnolphe veut dans la comédie qu'il n'y ait dans ſa maiſon d'écritoire que pour lui, & faire d'Agnès une imbécile afin de jouïr d'elle.

A.

S'il y avait de pareilles loix en Angleterre, ou je ferais une belle conſpiration pour les abolir, ou je fuirais pour jamais de mon Iſle après y avoir mis le feu.

C.

Cependant il eſt bon que tout le monde ne diſe pas ce qu'il penſe. On ne doit inſulter ni par écrit, ni dans ſes diſcours, les puiſſances & les loix à l'abri deſquelles on jouït de ſa fortune, de ſa liberté, & de toutes les douceurs de la vie.

A.

Non ſans doute; & il faut punir le ſéditieux téméraire; mais parce que les hommes peuvent abuſer de l'écriture faut il leur en interdire l'uſa-ge? J'aimerais autant qu'on vous rendît muet pour vous empêcher de faire de mauvais arguments.

On vole dans les ruës, faut-il pour cela défendre
d'y marcher? on dit des fottifes & des injures,
faut il défendre de parler? chacun peut écrire
chez nous ce qu'il penfe à fes rifques & à fes pé-
rils; c'eft la feule manière de parler à fa nation.
Si elle trouve que vous avez parlé ridiculement,
elle vous fifle; fi féditieufement, elle vous punit;
fi fagement & noblement, elle vous aime, & vous
récompenfe. La liberté de parler aux hommes
avec la plume eft établie en Angleterre comme
en Pologne; elle l'eft dans les Provinces-Unies;
elle l'eft enfin dans la Suède qui nous imite: elle
doit l'être dans la Suiffe, fans quoi la Suiffe n'eft
pas digne d'être libre. Point de liberté chez les
hommes fans celle d'expliquer fa penfée.

C.

Et fi vous étiez né dans Rome moderne?

A.

J'aurais dreffé un autel à Ciceron & à Tacite,
gens de Rome l'ancienne. Je ferais monté fur cet
autel; & le chapeau de Brutus fur la tète, & fon
poignard à la main; j'aurais rappellé le peuple
aux droits naturels qu'il a perdus. J'aurais rétabli
le Tribunat, comme fit Nicolas Rienzi.

C.

Et vous auriez fini comme lui.

A.

Peut-être; mais je ne puis vous exprimer l'horreur que m'infpira l'efclavage des Romains dans
mon dernier voyage; je frémiffais en voyant des
récollets au Capitole. Quatre de mes compatrio-

tes ont frété un vaiſſeau pour aller deſſiner les inutiles ruines de Palmire & de Balbec; j'ai été tenté cent fois d'en armer une douzaine à mes frais
pour aller changer en ruines les repaires des Inquiſiteurs dans les pays où l'homme eſt aſſervi par
ces monſtres. Mon héros eſt l'Amiral Bláck. Envoyé par Cromwel pour ſigner un traité avec
Jean de Bragance Roi de Portugal, ce prince
s'excuſa de conclure, parce que le grand inquiſiteur ne voulait pas ſouffrir qu'on traitât avec des
hérétiques. Laiſſez moi faire, lui dit Black, il
viendra ſigner le traité ſur mon bord. Le palais de
ce moine était ſur le Tage vis-à-vis notre flotte.
L'Amiral lui lâche une bordée à boulets rouges;
l'Inquiſiteur vient lui demander pardon & ſigne
le traité à genoux. L'Amiral ne fit en cela que la
moitié de ce qu'il devait faire; il aurait dû défendre à tous les Inquiſiteurs, de tyranniſer les ames
& de bruler les corps; comme les Perſans, & enſuite les Grecs & les Romains défendirent aux A-
fricains de ſacrifier des victimes humaines.

B.

Vous parlez toujours en véritable Anglais.

A.

En homme; & comme tous les hommes parle-
raient s'ils oſaient. Voulez-vous que je vous diſe
quel eſt le plus grand défaut du genre humain?

C.

Vous me ferez plaiſir; j'aime à connaître mon
eſpèce.

A.

Ce défaut eſt d'être ſot & poltron.

C.

Cependant toutes les nations montrent du courage à la guerre.

A.

Oui, comme les chevaux qui tremblent au premier son du tambour, & qui avancent fièrement quand ils font difciplinés par cent coups de tambour & cent coups de fouët.

❧❧❧❧❧❧❧❧❧❧❧❧❧❧❧❧❧❧❧❧

DIXIEME ENTRETIEN,

Sur la Religion.

C.

PUifque vous croyez que le partage du brave homme eft d'expliquer librement fes penfées, vous voulez donc qu'on puiffe tout imprimer fur le gouvernement & fur la religion?

A.

Qui garde le filence fur ces deux objets, qui n'ofe regarder fixement ces deux poles de la vie humaine, n'eft qu'un lâche. Si nous n'avions pas fû écrire, nous aurions été oprimés par Jacques fecond & par fon Chancelier Jeffreys; & Milord de Kenterbury nous ferait donner le fouet à la porte de fa Cathédrale. Notre plume fut la première arme contre la tyrannie, & notre épée la feconde.

C.

Quoi! écrire contre la religion de fon pays!

B.

Eh vous n'y penfez pas, Mr. C, fi les premiers Chrétiens n'avaient pas eu la liberté d'écrire contre la religion de l'Empire romain, ils n'auraient jamais établi la leur; ils firent l'Evangile de Marie, celui de Jacques, celui de l'enfance, celui des Hébreux, de Barnabé, de Luc, de Jean, de Matthieu, de Marc, ils en écrivirent cinquante quatre. Ils firent les lettres de Jéfus à un roitelet d'Edeffe, celles de Pilate à Tibere, de Paul à Sénèque, & les prophéties des Sibylles en acroftiches, & le Symbole des douze Apôtres, & le Teftament des douze Patriarches, & le livre d'Enoch, & cinq ou fix apocalypfes, & de fauffes conftitutions Apoftoliques &c. &c. Que n'écrivirent ils point? Pourquoi voulez-vous nous ôter la liberté qu'ils ont eue?

C.

Dieu me préferve de profcrire cette liberté précieufe: mais j'y veux du ménagement comme dans la converfation des honnétes gens; chacun y dit fon avis, mais perfonne n'infulte la compagnie.

A.

Je ne demande pas auffi qu'on infulte la fociété; mais qu'on l'éclaire. Si la religion du pays eft divine, (car c'eft de quoi chaque nation fe pique) cent mille volumes lancés contre elle, ne lui feront pas plus de mal que cent mille pelottes de neige n'ébranleront des murailles d'airain; les portes de l'enfer ne prévaudront pas contre elle, comme vous favez; comment des caraétères noirs tracés fur du papier blanc pourraient-ils la détruire?

Mais fi des fanatiques, ou des fripons, ou des gens qui poffedent ces deux qualités à la fois, viennent à corrompre une religion pure & fimple, fi par hazard des Mages & des Bonzes ajoutent des cérémonies ridicules à des loix facrées, des myftères impertinents à la morale divines des Zoroaftre & des Confutzée ; le genre humain ne doit-il pas des graces à ceux qui nettoyeraient le Temple de Dieu des ordures que ces malheureux y auront amaffées ?

B.

Vous me paraiffez bien favant ; quels font donc ces préceptes de Zoroaftre & de Confutzée ?

A.

Confutzée ne dit point *ne fais pas aux hommes ce que tu ne voudrais pas qu'on te fit.*

Il dit, *fais ce que tu veux qu'on te faffe, oublie les injures & ne te fouviens que des bienfaits.* Il fait un devoir de l'amitié & de l'humilité.

Je ne citerai qu'une feule loi de Zoroaftre qui comprend ce que la morale a de plus épuré, & qui eft juftement le contraire du fameux probabilifme des Jéfuites. *Quand tu feras en doute fi une action eft bonne ou mauvaife, abftiens-toi de la faire.*

Nul Moralifte, nul Philofophe, nul Légiflateur n'a jamais rien dit, ni pû dire qui l'emporte fur cette maxime. Si après cela, des Docteurs Perfans ou Chinois ont ajouté à l'adoration d'un Dieu, & à la Doctrine de la vertu, des chimères fantaftiques, des apparitions, des vifions, des prédictions, des prodiges, des poffeffions, des fcapulaires ; s'ils ont voulu qu'on ne mangeât que de certains aliments en l'honneur de Zoroaftre & de Confutzée,

s'ils ont prétendu être inſtruits de tous les ſecrets
de famille de ces deux grands hommes; s'ils ont
diſputé trois cents ans pour ſavoir comment Confutzée avait été fait ou engendré; s'ils ont inſti-
tué des pratiques ſuperſtitieuſes qui faiſaient paſſer dans leurs poches l'argent des ames dévotes;
s'ils ont établi leur grandeur temporelle ſur la ſot-
tiſe de ces ames peu ſpirituelles; ſi enfin ils ont
armé des fanatiques pour ſoutenir leurs inventions
par le fer & par les flammes; il eſt indubitable
qu'il a fallu réprimer ces impoſteurs. Quiconque
a donc écrit en faveur de la Religion naturelle &
divine, contre les déteſtables abus de la Religion
ſophiſtique, a été le bienfaiſteur de ſa patrie.

C.

Souvent ces bienfaiſteurs ont été mal récom-
penſez. Ils ont été cuits ou empoiſonnés, ou
ils ſont morts en l'air, & toute réforme a produit
des guerres.

A.

C'était la faute de la légiſlation. Il n'y a plus
de guerres Religieuſes depuis que les gouvérne-
ments ont été aſſez ſages pour réprimer la Théologie.

B.

Je voudrais pour l'honneur de la raiſon, qu'on
l'abolît au lieu de la réprimer; il eſt trop honteux
d'avoir fait une ſcience de cette grave folie. Je
connais bien à quoi ſert un Curé qui tient régiſtre
des nâiſſances & des morts, qui ramaſſe des aumô-
nes pour les pauvres, qui conſole les malades, qui
met la paix dans les familles; mais à quoi ſont bons
des Théologiens? Qu'en reviendra-t-il à la ſociété,

té, quand on aura bien fçû qu'un Ange eft infini, *Secundum quid*, que Scipion & Canton font damnés pour n'avoir pas été Chrétiens, & qu'il y a une différence effentielle entre Catégorématique, & Sincatégorématique?

N'admirez-vous pas un Thomas d'Aquin qui décide que les *parties irafcibles & concupifcibles ne font pas parties de l'apétit intellectuel*. Il examine au long fi les cérémonies de la loi font avant la loi. Mille pages font employées à ces belles questions, & cinq cents mille hommes les étudient!

Les Théologiens ont longtems recherché, fi Dieu peut être citrouille & fcarabé, fi quand on a reçu l'Euchariftie, on la rend à la garderobe.

Ces extravagances ont occupé des têtes qui avaient de la barbe dans des pays qui ont produit de grands hommes; c'eft fur quoi un écrivain ami de la raifon a dit plufieurs fois, que notre grand mal, eft de ne pas favoir encor à quel point nous fommes au deffous des Hottentots fur certaines matières.

Nous avons été plus loin que les Grecs & les Romains dans plufieurs arts, & nous fommes des brutes en cette partie, femblables à ces animaux du Nil dont une partie était vivifiée, tandis que l'autre n'était encor que de la fange.

Qui le croirait? un fou après avoir répété toutes les bêtifes fcolaftiques pendant deux ans, reçoit fes grelots & fa marotte en cérémonie, il fe pavane, il décide; & c'eft cette école de Bedlam qui mène aux honneurs & aux richeffes; que dis-je? Thomas & Bonaventure ont des autels, & ceux qui ont inventé la charuë, la navette, le rabot & la fcie font inconnus!

A.

Il faut abfolument qu'on détruife la théologie comme on a détruit l'aftrologie judiciaire, la magie, la baguette divinatoire, la cabale & la chambre étoilée.

C.

Détruifons ces chenilles tant que nous pourrons dans nos jardins, & n'y laiffons que les roffignols; confervons l'utile & l'agréable, c'eft là tout l'homme; mais pour tout ce qui eft dégoutant & vénimeux, je confens qu'on l'extermine.

A.

Une bonne religion honnête, mort de ma vie, bien établie par acte de Parlement, bien dépendante du Souverain, voilà ce qu'il nous faut, & tolérons toutes les autres. Nous ne fommes heureux que depuis que nous fommes libres & tolérants.

C.

Je lifais l'autre jour un poëme français fur la grace, poëme Didactique, & un peu foporatif; attendu qu'il eft monotone. Ce poëme s'appelle *la grace.* L'auteur en parlant de l'Angleterre à qui la grace de Dieu eft refufée, (quoique vôtre Monarque fe dife Roi par la grace de Dieu tout comme un autre) l'auteur, dis-je, s'exprime ainfi en vers affez plats.

Cette Ifle de Chrêtiens féconde pépinière,
L'Angleterre, où jardis brilla tant de lumière,
Recevant aujourd'hui toutes religions,
N'eft plus qu'un trifte amas de folles vifions....
Oui, nous fommes, Seigneur, tes peuples les plus
    chers,

Tu fais luire fur nous tes rayons les plus clairs.
Vérité toujours pure, ô doctrine éternelle!
La France est aujourd'hui ton Royaume fidèle.

A.

Voilà un plaisant original avec fa pépiniere &
fes rayons *clairs!* un Français croit toujours qu'il
doit donner le ton aux autres nations. Il femble
qu'il s'agiffe d'un menuet ou d'une mode nouvelle. Il nous plaint d'être libres; en quoi s'il vous
plaît, la France est-elle le Royaume *fidele de la
doctrine éternelle?* Est-ce dans le temps qu'une
Bulle ridicule fabriquée à Paris dans un collége de
Jéfuites, & fçellée à Rome par un collège de
Cardinaux a divifé toute la France & fait plus de
prifonniers & d'éxilés qu'elle n'avait de foldats?
O le Royaume fidèle!

Que l'Eglife Anglicane réponde, fi elle veut, à
ces rimeurs de l'Eglife Gallicane, pour moi je fuis
fûr que perfonne ne regretera parmi nous, *ce
temps jadis où brillait tant de lumière.* Etait-ce
quand les Papes envoyaient chez nous des Légats
donner nos bénéfices à des Italiens, & impofer
des décimes fur nos biens pour payer leurs filles
de joye? Etait-ce quand nos trois Royaumes four-
millaient de moines & de miracles? ce plat poëte
est un bien mauvais citoyen. Il devait fouhaiter
plutôt à fa patrie affez de *rayons clairs*, pour
qu'elle apperçut ce qu'elle gagnerait à nous imiter; ces rayons font voir qu'il ne faut pas que les
Gallicans envoyent vingt mille livres fterlings à
Rome toutes les années, & que les Anglicans qui
payaient autrefois le denier de St. Pierre étaient
plongés alors dans la plus ftupide barbarie.

K 2

B.

C'eſt très-bien dit; la religion ne conſiſte poinɩ du tout à faire paſſer ſon argent à Rome. C'eſt une vérité reconnue non ſeulement de ceux qui ont briſé ce joug; mais encor de ceux qui le portent.

A.

Il faut abſolument épurer la religion; l'Europe entière le crie. On commença ce grand ouvrage il y a près de deux cents cinquante années; mais les hommes ne s'éclairent que par dégrés. Qui aurait cru alors qu'on analyſerait les rayons du ſoleil, qu'on électriſerait le tonnerre, & qu'on découvrirait la gravitation univerſelle, loi qui préſide à l'Univers! Il eſt temps que des hommes ſi éclairés ne ſoient pas eſclaves des aveugles. Je ris quand je vois une académie des ſciences obligée de ſe conformer à la déciſion d'une congrégation du St. Office.

La Théologie n'a jamais ſervi qu'à renverſer les cervelles & quelquefois les Etats. Elle ſeule fait les athées; car le grand nombre des petits théologiens qui eſt aſſez ſenſé pour voir le ridicule de cette étude chimérique, n'en ſait pas aſſez pour lui ſubſtituer une ſaïne philoſophie. La théologie, diſent-ils, eſt ſelon la ſignification du mot, la ſcience de Dieu; or les poliſſons qui ont profané cette ſcience, ont donné de Dieu des idées abſurdes, & de là ils concluent que la Divinité eſt une chimère, parce que la théologie eſt chimérique. C'eſt préciſément dire qu'il ne faut prendre ni quinquina pour la fièvre, ni faire diète dans la pléthore, ni être ſaigné dans l'apoplexie, parce qu'il y a de mauvais médecins. C'eſt nier la con-

naiſſance du cours des aſtres, parce qu'il y a eu
des aſtrologues; c'eſt nier les effets évidents de la
Chymie, parce que des chymiſtes charlatans ont
prétendu faire de l'or. Les gens du monde encor
plus ignorants que ces petits Théologiens, diſent,
voilà des Bacheliers & des licentiés qui ne croient
pas en Dieu; pourquoi y croirions-nous?

Mes amis, une fauſſe ſcience fait les athées;
une vraye ſcience proſterne l'homme devant la
Divinité. Elle rend juſte & ſage celui que la
théologie a rendu inique & inſenſé. Voilà à peu
près ce que j'ai lu dans un petit livre nouveau; &
j'en ai fait ma profeſſion de foi.

B.

En vérité, c'eſt celle de tous les honnêtes gens.

ONSIEME ENTRETIEN,

Du droit de la guerre.

B.

NOus avons traité des matieres qui nous regardent tous de fort près; & les hommes ſont bien
inſenſés d'aimer mieux aller à la chaſſe, ou jouer
au piquet, que de s'inſtruire ſur des objets ſi importans. Notre premier deſſein était d'approfondir
le droit de la guerre & de la paix, & nous n'en
avons pas encor parlé.

A.

Qu'entendez-vous par le droit de la guerre?

K 3

B.

Vous m'embarraſſez ; mais enfin de Groot, ou Grotius en a fait un ample traité , dans lequel il cite plus de deux cent auteurs Grecs ou Latins, & même des auteurs Juifs.

A.

Croyez-vous que le Prince Eugene, & le Duc de Marlboroug l'euſſent étudié quand ils vinrent chaſſer les Français de cent lieues de pays ? le droit de la paix je le connais aſſez ; c'eſt de tenir ſa parole, & de laiſſer tous les hommes jouïr des droits de la nature ; mais pour le droit de la guerre, je ne ſais ce que c'eſt. Le code du meurtre me ſemble une étrange imagination. J'eſpere que bientôt on nous donnera la juriſprudence des voleurs de grand chemin.

C.

Comment accorderons-nous donc cette horreur ſi ancienne, ſi univerſelle de la guerre, avec des idées du juſte & de l'injuſte ? avec cette bienveillance pour nos ſemblables que nous prétendons être née avec nous ? avec le to Kalon, le beau & l'honnête ?

B.

N'allons pas ſi vîte. Ce crime qui conſiſte à commettre un ſi grand nombre de crimes en front de bandière, n'eſt pas ſi univerſel que vous le dites. Nous avons déjà remarqué que les Brames & les Quakres n'ont jamais été coupables de cette abomination. Les nations qui ſont au-delà du Gange verſent très-rarement le ſang ; & je n'ai point lu que la République de San Marino ait ja-

mais fait la guerre, quoiqu'elle ait à-peu-près autant de terrein qu'en avait Romulus. Les peuples
de l'Indus & de l'Hidaspe furent bien surpris de
voir les premiers voleurs armés qui vinrent s'emparer de leur beau pays. Plusieurs peuples de l'A-
mérique n'avaient jamais entendu parler de ce péché horrible, quand les Espagnols vinrent les exterminer l'Evangile à la main.

Il n'est point dit que les Cananéens eussent jamais fait la guerre à personne, lorsqu'une horde
de Juifs parut tout d'un coup, mit les bourgades
en cendres, égorgea les femmes sur les corps de
leurs maris, & les enfans sur le ventre de leurs
meres. Comment expliquerons-nous cette fureur
dans nos principes?

A.

Comme les Médecins rendent raison de la peste, des deux véroles & de la rage. Ce sont des
maladies attachées à la constitution de nos organes. On n'est pas toujours attaqué de la rage &
de la peste; il suffit souvent qu'un Ministre d'Etat
enragé ait mordu un autre Ministre pour que la
rage se communique dans trois mois à quatre ou
cinq cents mille hommes.

C.

Mais quand on a ces maladies, il y a quelques
remèdes. En connaissez-vous pour la guerre?

A.

Je n'en connais que deux dont la Tragédie s'est
emparée. La crainte & la pitié. La crainte nous
oblige souvent à faire la paix, & la pitié que la
nature a mise dans nos cœurs comme un contrepoi-
son contre l'héroïsme carnassier fait qu'on ne traite

pas toujours les vaincus à toute rigueur. Notre intérêt même eſt d'uſer envers eux de miſéricorde, afin qu'ils fervent fans trop de répugnance leurs nouveaux maîtres: je fais bien qu'il y a eu des brutaux qui ont fait fentir rudement le poids de leurs chaînes aux nations ſubjuguées. A cela je n'ai autre choſe à répondre que ce vers d'une Tragédie intitulée Spartacus, compoſée par un Français qui penfe profondément.

La loi de l'Univers eſt malheur aux vaincus.

J'ai dompté un cheval: fi je fuis fage je le nourris bien, je le careſſe, & je le monte; fi je fuis un fou furieux, je l'égorge.

C.

Cela n'eſt pas confolant: car enfin nous avons prefque tous été fubjugués. Vous autres Anglais vous l'avez été par les Romains, par les Saxons & les Danois; & enfuite par un bâtard de Normandie. Le berceau de notre religion eſt entre les mains des Turcs: une poignée de Francs a foumis la Gaule. Les Tyriens, les Carthaginois, les Romains, les Goths, les Arabes ont tour à tour fubjugué l'Efpagne. Enfin, de la Chine à Cadix, prefque tout l'Univers a toujours appartenu au plus fort. Je ne connais aucun conquérant qui foit venu l'épée dans une main & un code dans l'autre; ils n'ont fait des loix qu'après la victoire; c'eſt-à-dire après la rapine; & ces loix, ils les ont faites préciſément pour foutenir leur tyrannie. Que diriez vous, fi quelque bâtard de Normandie venait s'emparer de votre Angleterre pour venir vous donner fes loix?

A.

Je ne dirais rien; je tâcherais de le tuer à fa

defcente dans ma patrie; s'il me tuait je n'aurais rien à repliquer: s'il me fubjuguait, je n'aurais que deux partis à prendre, celui de me tuer moi-même, ou celui de le bien fervir.

B.

Voilà de triftes alternatives. Quoi! point de loi de la guerre, point de droit des gens?

A.

Je fuis fâché; mais il n'y en a point d'autres que de fe tenir continuellement fur fes gardes. Tous les Rois, tous les Miniftres penfent comme moi; & c'eft pourquoi, douze cents mille mercenaires en Europe font aujourd'hui la parade tous les jours en tems de paix.

Qu'un Prince licentie fes troupes, qu'il laiffe tomber fes fortifications en ruines, & qu'il paffe fon tems à lire Grotius, vous verrez, fi dans un an ou deux, il n'aura pas perdu fon Royaume.

C.

Ce fera une grande injuftice.

A.

D'accord.

B.

Et point de remède à cela?

A.

Aucun, finon de fe mettre en état d'être auffi injufte que fes voifins. Alors l'ambition eft contenue par l'ambition, alors les chiens d'égale force montrent les dents, & ne fe déchirent que lorfqu'ils ont à difputer une proye.

K 5

C.

Mais les Romains, les Romains ces grands Lé-
giflateurs ?

A.

Ils faifaient des loix, vous dis-je, comme les
Algériens affujettiffent leurs efclaves à la règle ;
mais quand ils combattaient pour réduire les nations en efclavage , leur loi était leur épée. Voyez
le grand Céfar, le mari de tant de femmes, & la
femme de tant d'hommes, il fait mettre en croix
deux mille Citoyens du pays de Vannes, afin que
le refte apprenne à être plus fouple ; enfuite
quand toute la nation eft bien aprivoifée, viennent les loix, & les beaux réglemens. On bâtit
des cirques, des amphitéâtres ; on élève des a-
queducs , on conftruit des bains publics , & les
peuples fubjugués danfent avec leurs chaînes.

B.

On dit pourtant que dans la guerre il y a des
loix qu'on obferve. Par exemple on fait une trêve
de quelques jours pour enterrer fes morts. On fti-
pule qu'on ne fe battra pas dans un certain endroit.
On accorde une capitulation à une Ville affiégée ;
on lui permet de racheter fes cloches. On n'éven-
tre point les femmes groffes quand on prend poffeffion d'une place qui s'eft rendue. Vous faites
des politeffes à un officier bleffé qui eft tombé entre vos mains ; & s'il meurt vous le faites enterrer.

A.

Ne voyez vous pas que ce font là les loix de la
paix, les loix de la nature, les loix primitives

qu'on exécute réciproquement! La guerre ne les
a pas dictées ; elles se font entendre malgré la
guerre ; & sans cela les trois quarts du globe ne
feraient qu'un désert couvert d'ossements.

Si deux plaideurs acharnés & près d'être ruinés
par leurs procureurs, font entre eux un accord qui
leur laisse à chacun un peu de pain ; appellerez-
vous cet accord une loi du barreau? Si une horde
de Théologiens allant faire bruler en cérémonie
quelques raisonneurs qu'ils appellent hérétiques,
apprend que le lendemain le parti hérétique les
fera bruler à son tour. S'ils font grace afin qu'on
la leur fasse ; direz-vous que c'est-là une loi théo-
logique? Vous avouerez qu'ils ont écouté la nature & l'intérêt malgré la théologie. Il en est de
même dans la guerre. Le mal qu'elle ne fait pas,
c'est le besoin & l'intérêt qui l'arrête. La guerre,
vous dis-je, est une maladie affreuse qui saisit les
nations l'une après l'autre; & que la nature guérit
à la longue.

C.

Quoi! vous n'admettez donc point de guerre
juste?

A.

Je n'en ai jamais connu de cette espèce; cela
me parait contradictoire & impossible.

B.

Quoi! lorsque le Pape Alexandre VI. & son infame fils Borgia pillaient la Romagne, égorgeaient,
empoisonnaient tous les Seigneurs de ce pays, en
leur accordant des indulgences, il n'etait pas permis de s'armer contre ces Monstres?

A.

Ne voyez-vous pas que c'étaient ces monſtres qui faiſaient la guerre? Ceux qui ſe défendaient, la ſoutenaient. Il n'y a certainement dans ce monde que des guerres offenſives; la défenſive n'eſt autre choſe que la réſiſtance à des voleurs armés.

C.

Vous vous moquez de nous. Deux Princes ſe diſputent un héritage ; leur droit eſt litigieux, leurs raiſons ſont également plauſibles; il faut bien que la guerre en décide: alors cette guerre eſt juſte des deux côtés.

A.

C'eſt vous qui vous moquez. Il eſt impoſſible phyſiquement, que l'un des deux n'ait pas tort ; & il eſt abſurde & barbare que des nations périſſent parce que l'un de ces deux Princes a mal raiſonné. Qu'ils ſe battent en champ clos s'ils veulent ; mais qu'un peuple entier ſoit immolé à leurs intéréts : voilà où eſt l'horreur. Par exemple, l'Archiduc Charles diſpute le trône d'Eſpagne au Duc d'Anjou, & avant que le procès ſoit jugé, il en coute la vie à plus de quatre cents mille hommes. Je vous demande ſi la choſe eſt juſte?

B.

J'avoue que non. Il fallait trouver quelqu'autre biais pour accommoder le différent.

C.

Il était tout trouvé ; il fallait s'en raporter à la nation ſur laquelle on voulait régner. La nation

Efpagnole difait, nous voulons le Duc d'Anjou ;
le Roi fon grand pere l'a nommé héritier par fon
teftament , nous y avons foufcrit, nous l'avons
reconnu pour notre Roi ; nous l'avons fupplié
de quitter la France pour venir gouverner. Quiconque veut s'oppofer à la loi des vivans & des
morts eft vifiblement injufte.

B.

Fort bien. Mais fi la nation fe partage?

A.

Alors , comme je vous le difais, la nation &
ceux qui entrent dans la querelle font malades de
la rage. Ses horribles fymptomes durent douze ans
jufqu'à ce que les enragés épuifés n'en pouvant
plus, foient forcés de s'accorder. Le hazard, le
mélange de bons & de mauvais fuccès, les intrigues, la laffitude ont éteint cet incendie, que
d'autres hazards, d'autres intrigues, la cupidité,
la jaloufie, l'efpérance avaient allumée. La guerre
eft comme le Mont Véfuve ; fes éruptions englou-
tiffent des villes, & fes embrafemens s'arrètent.
Il y a des temps où les bêtes féroces defcendues
des montagnes dévorent une partie de vos travaux, enfuite elles fe retirent dans leurs cavernes.

C.

Quelle funefte condition que celle des hommes?

A.

Celle des perdrix eft pire ; les renards, les oi-
feaux de proye les dévorent, les chaffeurs les
tuent, les cuifiniers les rôtiffent, & cependant il

y en a toujours. La nature conferve les efpèces, & fe foucie très peu des individus.

B.

Vous êtes dur, & la morale ne s'accommode pas de ces maximes.

A.

Ce n'eft pas moi qui fuis dur; c'eft la deftinée. Vos moraliftes font très-bien de crier toujours, „ miférables mortels foyez juftes & bienfaifants, „ cultivez la terre & ne l'enfanglantez pas. Prin-„ ces, n'allez pas dévafter l'héritage d'autrui, de „ peur qu'on ne vous tue dans le vôtre; reftez „ chez vous, pauvres gentillâtres, rétabliffez vo-„ tre mafure; tirez de vos fonds le double de ce „ que vous en tiriez; entourez vos champs de „ hayes vives; plantez des meuriers; que vos „ fœurs vous faffent des bas de foye; améliorez „ vos vignes; & fi des peuples voifins veulent „ venir boire votre vin malgré vous, défendez-„ vous avec courage; mais n'allez pas vendre „ votre fang à des Princes qui ne vous connais-„ fent pas, qui ne jetteront jamais fur vous un „ coup d'œil, & qui vous traitent comme des „ chiens de chaffe qu'on mene contre le fanglier, „ & qu'on laiffe enfuite mourir dans un chenil."

Ces difcours feront peut-être impreffion fur trois ou quatre têtes bien organifées, tandis que cent mille autres ne les entendront feulement pas, & brigueront l'honneur d'être lieutenants de hou- zards.

Pour les autres moraliftes à gages que l'on nom- me Prédicateurs, ils n'ont jamais feulement ofé prêcher contre la guerre. Ils déclament contre les appétits fenfuels après avoir pris leur chocolat. Ils anathématifent l'amour, & au fortir de la chaire où ils ont crié, gefticulé & fué, ils fe font effuyer par leurs dévotes. Ils s'époumonent à prouver des myftères dont ils n'ont pas la plus légère idée. Mais ils fe gardent bien de décrier la guerre, qui réunit tout ce que la perfidie a de plus lâche dans les manifeftes, tout ce que l'infame friponnerie a de plus bas dans les fournitures des armées, tout ce que le brigandage a d'affreux dans le pillage, le viol, le larcin, l'homicide, la dévaftation, la deftruction. Au contraire ces bons Prêtres béniffent en cérémonie les étendards du meurtre: & leurs confrères chantent pour de l'argent des chanfons juives, quand la terre a été inondée de fang.

Je ne me fouviens point en effet d'avoir lu dans le prolixe & argumentant Bourdaloue, le premier qui ait mis les apparences de la raifon dans fes fermons, je ne me fouviens point, dis-je, d'avoir lu une feule page contre la guerre.

L'élégant & doux Maffillon en béniffant les drapeaux du régiment de Catinat, fait à la vérité quelques vœux pour la paix; mais il permet l'ambition. ,, Ce defir, dit-il, de voir vos fervices ,, récompenfés, s'il eft modéré, s'il ne vous porte ,, pas à vous frayer des routes d'iniquité pour par- ,, venir à vos fins, n'a rien dont la morale chré- ,, tienne puiffe être bleffée." Enfin il prie Dieu d'envoyer l'ange exterminateur au devant du régiment de Catinat. ,, O mon Dieu, faites le pré- ,, céder toujours de la victoire & de la mort; ré- ,, pandez fur fes ennemis les efprits de terreur & ,, de vertige." J'ignore fi la victoire peut précéder un régiment & fi Dieu répand des efprits de vertige; mais je fais que les Prédicateurs Autrichiens en difaient autant aux cuiraffiers de l'Empereur, & que l'ange exterminateur ne favait auquel entendre.

Les Prédicateurs Juifs allèrent encore plus loin. On voit avec édification les prieres humaines dont leurs pfaumes font remplis. Il n'eft queftion que de mettre l'épée divine fur fa cuiffe, d'éventrer les femmes, d'écrafer les enfans à la mammelle contre la muraille. L'ange exterminàteur ne fut pas heureux dans fes campagnes, il devint l'ange exterminé; & les Juifs pour prix de leurs pfaumes furent toujours vaincus & efclaves.

De quelque côté que vous vous tourniez, vous verrez que les Prêtres ont toujours prêché le carnage, depuis un Aaron qu'on prétend avoir été Pontife d'une horde d'Arabes, jufqu'au Prédicant Jurieu prophête d'Amfterdam. Les négociants de cette Ville auffi fenfés que ce miférable était fou, le laiffaient dire & vendaient leur gérofle, & leur canelle.

C.

Et bien, n'allons point à la guerre, ne nous faifons point tuer au hazard pour de l'argent. Contentons-nous de nous bien défendre contre les voleurs appellés conquérants.

DOUZIEME ENTRETIEN,

Du Code de la Perfidie.

B.

Et du droit de la perfidie, qu'en dirons-nous?

A.

A.

Comment par St. George? Je n'avais jamais entendu parler de ce droit là. Dans quel caté-chifme avez-vous lu ce devoir du Chrétien?

B.

Je le trouve par tout. La première chofe que fait Moyfe avec fon faint peuple, n'eft-ce pas d'emprunter par une perfidie les meubles des E-gyptiens pour s'en aller, dit-il, facrifier dans le défert? Cette perfidie n'eft à la vérité accompa-gnée que d'un larcin; celles qui font jointes au meurtre font bien plus admirables. Les perfidies d'Aod, de Judith, font très renommées. Celle du patriarche Jacob envers fon beau-pere & fon frere, ne font que des tours de maître Gonin, puifqu'il n'affaffina ni fon frere ni fon beau-pere. Mais vive la perfidie de David qui s'étant affocié quatre cents coquins perdus de dettes & de débau-che, & ayant fait alliance avec un certain roite-let nommé Akis, allait égorger les hommes, les femmes, les petits enfans des villages qui étaient fous la fauve-garde de ce roitelet; & lui faifait croire qu'il n'avait égorgé que les hommes, les femmes & les petits garçons appartenants au roi-telet Saûl. Vive fur-tout fa perfidie envers le bon homme Uriah! Vive celle du fage Salomon inf-piré de Dieu qui fit maffacrer fon frere Adonias après avoir juré de lui conferver la vie!

Nous avons encor des perfidies très renommées de Clovis, premier Roi Chrétien des Francs, qui pouraient beaucoup fervir à perfectionner la mo-rale. J'eftime fur-tout fa conduite envers les affaf-fins d'un Rinomer, Roi du Mans (fupofé qu'il y ait jamais eu un Royaume du Mans.) Il fit marché avec de braves affaffins pour tuer ce Roi par derrière, & les paya en fauffe monnoye. Mais comme ils murmuraient de n'avoir pas leur compte, il les fit affaffiner pour ratraper fa monnoye de billon.

Prefque toutes nos hiftoires font remplies de pareilles perfidies commifes par des Princes, qui tous ont bâti des Eglifes, & fondé des monaftères.

Or, l'exemple de ces braves gens doit certainement fervir de leçon au genre humain: car où en chercherait-il fi ce n'eft dans les oints du Seigneur ?

A.

Il m'importe fort peu que Clovis & fes pareils ayent été oints; mais je vous avoue que je fouhaiterais pour l'édification du genre humain qu'on jettât dans le feu toute l'hiftoire civile & eccléfiaftique. Je n'y vois guères que les Annales des crimes; & foit que ces monftres ayent été oints ou ne l'ayent pas été, il ne réfulte de leur hiftoire que l'exemple de la fcélérateffe.

Je me fouviens d'avoir lu autrefois l'hiftoire du grand Schifme d'occident. Je voyais une douzaine de Papes tous également perfides, tous méritant également d'être pendus à Tiburn. Et puifque la Papauté a fubfifté au milieu d'un débordement fi long & fi vafte de tous les crimes, puifque les Archives de ces horreurs n'ont corrigé perfonne, je conclus que l'hiftoire n'eft bonne à rien.

C.

Oui, je conçois que le Roman vaudrait mieux. On y eft maître du moins de feindre des exemples de vertu. Mais Homère n'a jamais imaginé une feule action vertueufe & honnête dans tout fon Roman monotone de l'Iliade. J'aimerais beaucoup mieux le Roman de Télémaque s'il n'était pas tout en digreffions & en déclamations. Mais puifque vous m'y faites fonger, voici un morceau du Télémaque concernant la perfidie fur lequel je voudrais avoir votre avis.

Dans une des digreffions de ce Roman au livre XX., Adrafte Roi des Dauniens ravit la femme d'un nommé Diofcore. Ce Diofcore fe réfugie chez les Princes Grecs, & n'écoutant que fa vengeance il leur offre de tuer le raviffeur leur ennemi. Télémaque infpiré par Minerve leur perfuade de ne point écouter Diofcore & de le renvoyer pieds & poings liés au Roi Adrafte. Comment trouvez-vous cette décifion du vertueux Télémaque ?

A.

Abominable. Ce n'était pas apparemment Minerve c'était Tifiphone qui l'infpirait. Comment ! renvoyer ce pauvre homme afin qu'on le faffe mourir dans les tourments, & qu'Adrafte reffemble en tout à David qui jouïffait de la femme en faifant mourir le mari ! L'onctueux Auteur du Télémaque n'y penfait pas. Ce n'eft point là l'action d'un cœur généreux, c'eft celle d'un méchant & d'un traître. Je n'aurois point accepté la propofition de Diofcore, mais je n'aurais pas livré cet infortuné à fon ennemi. Diofcore était fort vindicatif à ce que je vois, mais Télémaque était un perfide.

B.

Et la perfidie dans les traités l'admettez-vous ?

C.

Elle eft fort commune, je l'avoue. Je ferais bien
L 2

embarraffé s'il fallait décider quels furent les plus
grands fripons dans leurs négociations, des Romains ou des Cartaginois, de Louis XI. le Très-
Chrétien ou de Ferdinand le Catholique &c &c.
&c. &c. &c. Mais je demande s'il n'eft pas permis de friponner pour le bien de l'Etat.

A.

Il me femble qu'il y a des friponneries fi adroites
que tout le monde les pardonne. Il y en a de fi
groffières qu'elles font univerfellement condam-
nées. Pour nous autres Anglais nous n'avons jamais attrapé perfonne. Il n'y a que le faible qui
trompe. Si vous voulez avoir de beaux exemples
de perfidie, adreffez-vous aux Italiens du quin-
zieme & du feizieme fiecle.
Le vrai politique eft celui qui joue bien & qui
gagne à la longue. Le mauvais politique eft celui
qui ne fait que filer la carte, & qui tôt ou tard eft
reconnu.

B.

Fort bien, & s'il n'eft pas découvert, ou s'il
ne l'eft qu'après avoir gagné tout notre argent, &
lorfqu'il s'eft rendu affez puiffant pour qu'on ne
puiffe le forcef à le rendre?

C.

Je crois que ce bonheur eft rare, & que l'hiftoire nous fournit plus d'illuftres filous punis que
d'illuftres filous heureux.

B.

Je n'ai plus qu'une queftion à vous faire. Trou-

vez-vous bon qu'une nation faſſe empoiſonner un
ennemi public ſelon cette maxime, *ſalus reipubli-
cæ ſuprema lex eſto?*

A.

Parbleu allez demander cela à des Caſuiſtes. Si
quelqu'un faiſait cette propoſition dans la Chambre
des Communes, j'opinerais (Dieu me pardonne)
pour l'empoiſonner lui-même malgré ma répugnance pour les drogues. Je voudrais bien ſavoir pourquoi ce qui eſt un forfait abominable dans un particulier ſerait innocent dans trois cents Sénateurs,
& même dans trois cents mille? Eſt-ce que le nombre des coupables transforme le crime en vertu?

C.

Je ſuis content de votre réponſe. Vous êtes un
brave homme.

TREIZIEME ENTRETIEN,

Que tout Etat doit être indépendant.

B.

APrès avoir parlé du droit de tuer & d'empoiſonner en tems de guerre, voyons un peu ce que
nous ferons en tems de paix.

Premièrement, comment les Etats ſoit Républicains ſoit Monarchiques ſe gouverneront-ils?

A.

Par eux-mêmes apparemment ſans dépendre en
rien d'aucune puiſſance étrangère, à moins que ces
Etats ne ſoient compoſez d'imbéciles & de lâches.

L 3

C.

Il était donc bien honteux que l'Angleterre fût vaffale d'un Légat à *Latere*, d'un Légat du côté. Vous vous fouvenez d'un certain drôle nommé Pandolphe, qui fit mettre votre Roi Jean à genoux devant lui; & qui en reçut foi & hommage lige au nom de l'Evêque de Rome Innocent III., Vice-Dieu, ferviteur des ferviteurs de Dieu le 15 Mai, veille de l'Afcenfion 1213.?

A.

Oui, oui, nous nous en fouvenons, pour traiter ce ferviteur infolent comme il le mérite.

B.

Eh mon Dieu, Monfieur C, ne faifons pas tant les fiers. Il n'y a point de Royaume en Europe que l'Evêque de Rome n'ait donné en vertu de fon humble & fainte puiffance. Le Vice-Dieu Stephanus ôta le Royaume de France & Chilpericus pour le donner à fon principal domeftique Pipinus, comme le dit votre Eginard lui même, fi les écrits de cet Eginard n'ont pas été falfifiés par les moines comme tant d'autres écrits, & comme je le foupçonne.

Le Vice-Dieu Sylveftre donna la Hongrie au Duc Etienne, en l'an 1001. pour faire plaifir à fa femme Gizele qui avait beaucoup de vifions.

Le Vice-Dieu Innocent IV. en 1247, donna le Royaume de Norvège à un bâtard nommé Haquin, que ledit Pape de plein droit fit légitime, moyennant quinze mille marcs d'argent. Et ces quinze mille marcs d'argent n'exiftant pas alors en Norvège: il fallut emprunter pour payer.

Pendant deux ſiecles entiers, les Rois de Caſtil-
le, d'Arragon & de Portugal; ne furent-ils pas
tenus de payer annuellement un tribut de deux
livres d'or au Vice Dieu? On ſait combien d'Empereurs ont été dépoſés, ou forcés de demander
pardon, ou aſſaſſinés, ou empoiſonnés en vertu
d'une Bulle: non ſeulement vous dis-je, le ſervi-
teur de Dieu a donné tous les Royaumes de la
communion Romaine ſans exception; mais elle
en a retenu le domaine ſuprême, & le domaine
utile; il n'en eſt aucun ſur lequel il n'ait levé des
décimes, des tributs de toute eſpèce.

Il eſt encor aujourd'hui ſuzerain du Royaume de
Naples: on lui en fait un hommage-lige depuis
ſept cens ans. Le Roi de Naples, ce deſcendant
de tant de Souverains lui paye encor un tribut.
Le Roi de Naples eſt aujourd'hui en Europe le
ſeul Roi vaſſal; & de qui! juſte ciel!

A.

Je lui conſeille de ne l'être pas longtemps.

C.

Je demeure toujours confondu quand je vois les
traces de l'antique ſuperſtition qui ſubſiſtent encore. Par quelle étrange fatalité preſque tous les
Princes coururent-ils ainſi pendant tant de ſiecles
au devant du joug qu'on leur préſentait?

B.

La raiſon en eſt fort naturelle. Les Rois & les
Barons ne ſavaient ni lire ni écrire, & la Cour Romaine le ſavait: cela ſeul lui donna cette prodigieu-
ſe ſupériorité dont elle retient encor de beaux
reſtes.

L 4

C.

Et comment des Princes & des Barons qui étaient libres, ont-ils pu se soumettre si lâchement à quelques jongleurs?

A.

Je vois clairement ce que c'est. Les brutaux savaient se battre, & les jongleurs savaient gouverner. Mais lorsqu'enfin les Barons ont apris à lire & à écrire, lorsque la lèpre de l'ignorance a diminué chez les Magistrats & chez les principaux citoyens, on a regardé en face l'idole devant laquelle on avait léché la poussiere; la moitié de l'Europe a rendu outrage pour outrage au serviteur des serviteurs, au lieu d'hommage; l'autre moitié qui lui baise encor les pieds, lui lie les mains; du moins c'est ainsi que j'ai lu dans une histoire qui quoique contemporaine est vraie & philosophique. Je suis sûr que si demain le Roi de Naples & de Sicile veut renoncer à cette unique prérogative qu'il possède d'être homme-lige du Pape, d'être le serviteur du serviteur des serviteurs de Dieu, & de lui donner tous les ans un petit cheval avec deux mille ecus d'or pendus au cou, toute l'Europe lui applaudira.

B.

Il en est en droit; car ce n'est pas le Pape qui lui a donné le Royaume de Naples. Si des meurtriers Normands pour colorer leurs usurpations, & pour être indépendans des Empereurs auxquels ils avaient fait hommage se firent oblats de la sainte Eglise; le Roi des deux Siciles, qui descend de Hugues Capet en ligne droite, & non de ces Normands, n'est nullement tenu d'être oblat. Il n'a qu'à vouloir. Le Roi de France n'a qu'à dire un mot, & le

Pape n'aura pas plus de crédit en France qu'en Ruffie. On ne payera plus d'annates à Rome; on n'y achetera plus la permiffion d'époufer fa coufine ou fa nièce; je vous réponds que les Tribunaux de France appellés Parlements, enrégiftreront cet Edit fans remontrances.

On ne connait pas fes forces. Qui aurait pro-pofé il y a cinquante ans de chaffer les Jéfuites de tant d'États Catholiques aurait paffé pour le plus vifionnaire des hommes. Ce coloffe avait un pied à Rome, & l'autre au Paraguay: il couvrait de fes bras mille Provinces, & portait fa tête dans le Ciel. J'ai paffé & il n'était plus.

Il n'y a qu'à foufler fur tous les autres moines, ils difparaitront fur la face de la terre.

A.

Ce n'eft pas notre intérêt que la France ait moins de moines & plus d'hommes; mais j'ai tant d'averfion pour le froc, que j'aimerais encor mieux voir en France des revues que ces proceffions. En un mot en qualité de citoyen je n'aime point à voir des citoyens qui ceffent de l'être, des fujets qui fe font fujets d'un étranger, des patriotes qui n'ont plus de Patrie. Je veux que chaque état foit parfaitement indépendant.

Vous avez dit que les hommes ont été longtemps aveugles, enfuite borgnes, & qu'ils commencent à jouir de deux yeux. A qui en a-t-on l'obligation? A cinq ou fix occuliftes qui ont paru en divers tems.

B.

Oui mais le mal eft qu'il y a des aveugles qui veulent battre les Chirurgiens empreffez à les guérir.

A.

Eh bien, ne rendons la lumiere qu'à ceux qui nous prieront d'enlever leurs cataractes.

〜〜〜〜〜〜〜〜〜〜〜〜〜〜

QUATORZIEME ENTRETIEN.

De la meilleure légiflation.

C.

DE tous les Etats quel eft celui qui vous paraît
avoir les meilleures loix, la jurifprudence la plus
conforme au bien général, & au bien des particuliers?

A.

C'eft mon pays fans contredit. La preuve en
eft que dans tous nos démêlés nous ventons toujours *notre heureufe Conftitution*, & que dans presque tous les autres Royaumes on en fouhaite une
autre. Notre jurifprudence criminelle eft équitable
& n'eft point barbare: nous avons aboli la torture
contre laquelle la voix de la nature s'élève en vain
dans tant d'autres pays, ce moyen affreux de faire
périr un innocent faible, & de fauver un coupable robufte, a fini avec notre infâme Chancelier
Jeffreys, qui employait avec joye cet ufage infer-
nal fous le Roi Jaques II.

Chaque accufé eft jugé par fes Pairs; il n'eft
réputé coupable que quand ils font d'accord fur le
fait: c'eft la loi feule qui le condamne fur le crime
avéré & non fur la fentence arbitraire des Juges.
La peine capitale eft la fimple mort, & non une
mort accompagnée de tourments recherchés.
Etendre un homme fur une croix de St. André,
lui caffer les bras & les cuiffes, & le mettre en
cet état fur une roue de caroffe, nous parait une

barbarie qui offenſe trop la nature humaine. Si
pour les crimes de haute trahiſon on arrache encor
le cœur du coupable après ſa mort, c'eſt un ancien uſage de Cannibale, un appareil de terreur
qui effraye le ſpectateur ſans être douloureux pour
l'exécuté. Nous n'ajoutons point de tourments à
la mort: on ne refuſe point comme ailleurs un
conſeil à l'accuſé: on ne met point un témoin qui
a porté trop légérement ſon témoignage dans la
néceſſité de mentir en le puniſſant s'il ſe retracte.
On ne fait point dépoſer les témoins en ſecret, ce
ſerait en faire des délateurs. La procédure eſt publique. Les procès ſecrets n'ont été inventés que
par la tyrannie.

Nous n'avons point l'imbécile barbarie de punir
des indécences du même ſupplice dont on punit
les parricides. Cette cruauté auſſi ſotte qu'abominable eſt indigne de nous.

Dans le civil c'eſt encor la ſeule loi qui juge; il
n'eſt pas permis de l'interprêter; ce ſerait aban-
donner la fortune des Citoyens au caprice, à la
faveur, & à la haine.

Si la loi n'a pas pourvu au cas qui ſe préſente
alors on ſe pourvoit à *la Cour d'équité* par devant
le Chancelier & ſes aſſeſſeurs; & s'il s'agit d'une
choſe importante on fait pour l'avenir une nouvelle loi en Parlement, c'eſt-à-dire dans les Etats
de la nation aſſemblés.

Les plaideurs ne ſollicitent jamais leurs Juges;
ce ſerait leur dire, je veux vous ſéduire. Un juge
qui recevrait une viſite d'un plaideur ſerait déſho-
noré; ils ne recherchent point cet honneur ridicule, qui flatte la vanité d'un Bourgeois. Auſſi
n'ont-ils point acheté le droit de juger: on ne vend
point chez nous une place de Magiſtrat comme

une métairie; fi des membres du Parlement vendent quelquefois leurs voix à la Cour, ils reſſem-
blent à quelques belles qui vendent leurs faveurs
& qui ne le diſent pas. La loi ordonne chez nous
qu'on ne vendra rien que des terres & les fruits de
la terre; tandis qu'en France la loi elle-même fixe
le prix d'une charge de Conſeiller au ban du Roi
qu'on nomme Parlement, & de Préſident qu'on
nomme à mortier; preſque toutes les places & les
dignités ſe vendent en France, comme on vend
des herbes au marché. Le Chancelier de France
eſt tiré ſouvent du corps des Conſeillers d'Etat;
mais pour être Conſeiller d'Etat, il faut avoir acheté une charge de Maîtres des Requêtes. Un régiment n'eſt point le prix des ſervices, c'eſt le prix
de la ſomme que les parents d'un jeune homme ont
dépoſée pour qu'il aille trois mois de l'année tenir
table ouverte dans une ville de province.

Vous voyez clairement combien nous ſommes
heureux d'avoir des loix qui nous mettent à l'abri
de ces abus. Chez nous rien d'arbitraire ſinon les
graces que le Roi veut faire. Les bienfaits éma-
nent de lui; la loi fait tout le reſte.

Si l'autorité attente illégalement à la liberté du
moindre Citoyen, la loi le venge; le Miniſtre eſt
incontinent condamné à l'amande envers le Citoyen & il la paye.

Ajoutez à tous ces avantages le droit que tout
homme a parmi nous de parler par ſa plume à la
nation entiére. L'art admirable de l'Imprimerie
eſt dans notre Iſle auſſi libre que la parole. Comment ne pas aimer une telle légiſlation?

Nous avons, il eſt vrai, toujours deux partis;
mais ils tiennent la nation en garde plutôt
qu'ils ne la diviſent: ces deux partis veillent l'un

fur l'autre ; & fe difputent l'honneur d'être les gardiens de la liberté publique : nous avons des querelles ; mais nous béniffons toujours cette heu‑reufe conftitution qui les fait naître.

C.

Votre Gouvernement eft un bel ouvrage ; mais il eft fragile.

A.

Nous lui donnons quelquefois de rudes coups ; mais nous ne le caffons point.

B.

Confervez ce précieux monument que l'intelli‑gence & le courage ont élevé : il vous a trop cou‑té pour que vous le laiffiez détruire. L'homme eft né libre ; Le meilleur Gouvernement eft celui qui conferve le plus qu'il eft poffible à chaque mortel ce don de la nature.

Mais croyez moi ; arrangez vous avec vos colo‑nies, & que la mere & les filles ne fe battent pas !

QUINZIEME ENTRETIEN,

Des Abus.

C.

ON dit que le monde n'eft gouve. né que par des abus. Cela eft-il vrai ?

B.

Je crois bien qu'il y pour le moins moitié abus

& moitié ufages tolérables chez les nations policées, moitié malheur & infortune, de même que
fur la mer on trouve un partage affez égal de tem-
pêtes & de beau tems pendant l'année. C'eft ce
qui a fait imaginer les deux tonneaux de Jupiter,
& la fecte des Manichéens.

A.

Pardieu fi Jupiter à eu deux tonneaux, celui du
mal était la tonne d'Heidelberg, & celui du bien
fut à peine un cartaud. Il y a tant d'abus dans ce
monde que dans un voyage que je fis à Paris en
1751, on appellait comme d'abus fix fois par fe-
maine pendant toute l'année, au banc du Roi qu'ils
nomment Parlement.

B.

Oui, mais à qui appellerons-nous des abus qui
régnent dans la conftitution de ce monde?

N'eft-ce pas un abus énorme que tous les animaux fe tuent avec acharnement les uns les autres
pour fe nourrir, que les hommes fe tuent beaucoup plus furieufement encore fans avoir feulement
l'idée de manger?

C.

Ah! pardonnez-moi, nous nous faifions autrefois la guerre pour nous manger. Mais à la longue toutes les bonnes inftitutions dégénèrent.

B.

J'ai lû dans un livre que nous n'avons l'un portant l'autre qu'environ vingt-deux ans à vivre, que
de ces vingt-deux ans fi vous retranchez le tems
perdu du fommeil & le tems que nous perdons dans
la veille, il refte à peine quinze ans clair & net,

que fur ces quinze ans il ne faut pas compter l'enfance qui n'eft qu'un paffage du néant à l'exiftence, & que fi vous retranchez encor les tourments du corps, & les chagrins de ce qu'on appelle ame, il ne refte pas trois ans franc & quitte pour les plus heureux, & pas fix mois pour les autres. N'eft-ce pas là un abus intolérable?

A

Eh que diable en conclurez-vous? ordonnerez-vous que la nature foit autrement faite qu'elle ne l'eft?

B

Je le défirerais du moins.

A

C'eft un fecret fûr pour abréger encor vôtre vie.

C.

Laiffons là les pas de clerc qu'a faits la nature, les enfans formés dans la matrice pour y périr fouvent & pour donner la mort à leur mere, la fource de la vie empoifonnée par un vénin qui s'eft gliffé de trou en cheville de l'Amérique en Europe, la vérole qui décime le genre humain, la pefte toujours fubfiftante en Afrique, les poifons dont la terre eft couverte & qui viennent d'eux-mêmes fi aifément, tandis qu'on ne peut avoir du froment qu'avec des peines incroyables. Ne parlons que des abus que nous avons introduits nous mêmes.

B.

La lifte ferait longue dans la fociété perfectionnée. Car fans compter l'art d'affaffiner réguliérement le genre humain par la guerre dont nous avons déja parlé, nous avons l'art d'arracher les véte-

ments & le pain à ceux qui fément le bled & qui
préparent la laine, l'art d'accumuler tous les tréfors
d'une nation entière dans les coffres de cinq ou fix
cents perfonnes, l'art de faire tuer publiquement
en cérémonie avec une demie feuille de papier ceux
qui vous ont déplu, comme une Maréchale d'Ancre, un Maréchal de Marillac, un Duc de Som-
merfet, une Marie Stuard; l'ufage de préparer un
homme à la mort par des tortures pour connaître
fes affociés quand il ne peut avoir eu d'affociés, les
buchers allumés, les poignards éguifés, les échauf-
fauts dreffés pour des arguments en baralipton; la
moité d'une nation occupée fans ceffe à vexer l'autre loyalement. Je parlerais plus longtems qu'Efdras,
fi je voulais faire écrire nos abus fous ma diêtée.

A.

Tout celà eft vrai; mais convenez que la plupart
de ces abus horribles font abolis en Angleterre, &
commencent à être fort mitigés chez les autres nations.

B.

Je l'avoue; mais pourquoi les hommes font-ils
un peu meilleurs & un peu moins malheureux qu'ils
ne l'étaient du tems d'Aléxandre VI. de la St. Barthelemi & de Cromwel?

C.

C'eft qu'on commence à penfer, à s'éclairer &
à bien écrire.

A.

J'en conviens; la fuperftition excita les orages
& la philofophie les appaife.

SEI·

SEIZIEME ENTRETIEN,

Sur des choses curieuses.

B.

A Propos Monſieur A, & croyez vous le monde bien ancien?

A.

Monſieur B, ma fantaiſie eſt qu'il eſt éternel!

B.

Cela peut ſe ſoutenir par voye d'hipotèſe. Tous
les anciens philoſophes ont cru la matière éternelle. Or de la matière brute à la matière organi-
ſée il n'y a qu'un pas.

C.

Les hipotèſes ſont fort amuſantes; elles ſont
ſans conſéquence. Ce ſont des ſonges que la bible
fait évanouir, car il en faut toujours revenir à la
bible.

A.

Sans doute, & nous penſons tous trois dans le
fond en l'an de grace 1760, que depuis la création
du monde qui fut faite de rien, juſqu'au déluge
univerſel fait avec de l'eau créée exprès, il ſe paſ-
ſa 1656 ans ſelon la vulgate, 2309 ans ſelon le
texte Samaritain; & 2262 ans ſelon la traduction
miraculeuſe que nous appellons des ſeptante. Mais
j'ai toujours été étonné qu'Adam & Ève notre pere & notre mere, Abel, Caïn, Seth, n'aient été

M

connus de perfonne au monde que de la petite
horde Juive, qui tint le cas fecret, jufqu'à-ce que
les Juifs d'Alexandrie s'avifaffent fous le premier &
le fecond des Ptolomées, de traduire fort mal en
Grec leurs rapfodies abfolument inconnues jufques
là au refte de la terre.

Il eft plaifant que nos titres de famille ne foient
demeurés en dépôt que dans une feule branche de
notre maifon, & encor chez la plus méprifée ; tandis que les Chinois, les Indiens, les Perfans, les
Egyptiens, les Grecs & les Romains, n'avaient
jamais entendu parler d'Adam ni d'Eve.

B.

Il y a bien pis : c'eft que Sanconiaton qui vivait
inconteftablement avant le temps où l'on place Moyfe, & qui a fait une Genèfe à fa façon, comme tant
d'autres auteurs, ne parle ni de cet Adam, ni de
cette Eve. Il nous donne des parents tout differents.

C.

Sur quoi jugez vous Monfieur B, que Sanconiaton vivait avant l'époque de Moyfe ?

B.

C'eft que s'il avait été du temps de Moyfe, ou
après lui, il en aurait fait mention. Il écrivait dans
Tyr qui floriffait très longtems avant que la horde Juive eut acquis un coin de terre vers la Phénicie. La langue Phénicienne était la mere langue
du pays ; les Phéniciens cultivaient les lettres depuis
longtems ; les livres Juifs l'avouent en plufieurs endroits. Il eft dit expreffément que Caleb s'empara
de la ville des lettres (*) nommée Cariath-Sepher,

(*) Juges, chap. 1er. vs. 11.

c'eſt-à-dire ville des livres, appellée depuis Dabir. Certainement Sanconiaton aurait parlé de Moyſe, s'il avait été ſon contemporain ou ſon puiné. Il n'eſt pas naturel qu'il eut omis dans ſon hiſtoire les mirifiques avantures de Moſé ou Moyſe, comme les dix playes d'Egypte, & les eaux de la mer ſuſpendues à droite & à gauche, pour laiſſer paſſer trois millions de voleurs fugitifs à pied ſec, leſquelles eaux retombèrent enſuite ſur quelques autres millions d'hommes qui pourſuivaient les voleurs. Ce ne ſont pas là de ces petits faits obſcurs & journaliers qu'un grave hiſtorien paſſe ſous ſilence. Sanconiaton ne dit mot de ces prodiges de Gargantua: donc il n'en ſavait rien; donc il était antérieur à Moyſe, ainſi que Job qui n'en parle pas. Euſebe ſon abréviateur qui entaſſe tant de fables, n'eut pas manqué de ſe prévaloir d'un ſi éclatant témoignage.

A.

Cette raiſon eſt ſans réplique. Aucune nation n'a parlé anciennement des Juifs, ni parlé comme les Juifs; aucune n'eut une coſmogonie qui eut le moindre raport à celle des Juifs. Ces malheureux Juifs ſont ſi nouveaux qu'ils n'avaient pas même en leur langue de nom pour ſignifier *Dieu*. Ils furent obligés d'emprunter le nom d'*Adonaï* des Sidoniens, le nom de *Jehova* ou Hiao des Siriens. Leur opiniâtreté, leurs ſuperſtitions nouvelles, leur uſure conſacrée, ſont les ſeules choſes qui leur apartiennent en propre. Et il y a toute aparence que ces poliſſons chez qui les noms de Géométrie & d'Aſtronomie furent toujours abſolument inconnus, n'aprirent enfin à lire & à écrire que quand ils furent eſclaves à Babilone. On a déja prouvé que

c'eft là qu'ils connurent les noms des Angés, &
même le nom d'Ifraël, comme ce transfuge Juif
Flavian Jofeph l'avoue lui-même.

C.

Quoi ! tous les anciens peuples ont eu une Genèfe antérieure à celle des Juifs & toute différente ?

A.

Cela eft inconteftable. Voyez le Shafta & le
Védam des Indiens, les cinq King des Chinois,
le Zend des premiers Perfans, le Thaut ou Mercure trifmegifte des Egyptiens; Adam leur eft
auffi inconnu que le font les ancêtres de tant de
Marquis & de Barons dont l'Europe fourmille.

C.

Point d'Adam! Cela eft bien trifte. Tous nos
Almanacs comptent depuis Adam.

A.

Ils compteront comme il leur plaira, les Etren-
nes mignonnes ne font pas mes archives.

B.

Si bien donc que Monfieur A. eft préadamite ?

A.

Je fuis pré-faturnien, pré-ofirite, pré-bramite,
pré-pandorite.

C.

Et furquoi fondez-vous votre belle hipotéfe d'un
monde éternel ?

A.

Pour vous le dire, il faut que vous écoutiez patiemment quelques petits préliminaires.

Je ne fais fi nous avons raifonné, jufqu'ici bien ou mal; mais je fais que nous avons raifonné, & que nous fommes tous les trois des êtres intelligens. Or des êtres intelligens ne peuvent avoir été formés par un être brut, aveugle, infenfible: il y a certainement quelque différence entre les idées de Newton & des crottes de mulet. L'intelligence de Newton venait donc d'une autre intelligence.

Quand nous voyons une belle machine, nous difons qu'il y a un bon machinifte, & que ce machinifte à un excellent entendement. Le monde eft affurément une machine admirable, donc il y a dans le monde une admirable intelligence quelque part où elle foit. Cet argument eft vieux, & n'en eft pas plus mauvais.

Tous les corps vivants font compofés de leviers, de poulies qui agiffent fuivant les loix de la Méchanique, de liqueurs que les loix de l'Hydroftatique font perpétuellement circuler; & quand on fonge que tous ces êtres ont du fentiment qui n'a aucun rapport à leur organifation, on eft accablé de furprife.

Le mouvement des aftres, celui de notre petite terre autour du foleil, tout s'opère en vertu des loix de la Mathématique la plus profonde. Comment Platon qui ne connaiffait pas une de ces loix, le chimérique Platon qui difait que la terre était fondée fur un triangle équilatère, & l'eau fur un triangle rectangle, le ridicule Platon qui dit qu'il ne peut y avoir que cinq mondes, parce qu'il n'y a que cinq corps réguliers; comment, dis-je, l'igno-

rant Platon qui ne favait pas feulement la trigono-
métrie fphérique, a t-il eu cependant un génie affez beau, un inftinct affez heureux pour appeller
Dieu l'éternel géomètre; pour fentir qu'il exifte une
intelligence formatrice?

B.

Je me fuis amufé autrefois à lire Platon.   Il eft
clair que nous lui devons toute la métaphyfique
du Chriftianifme; tous les peres Grecs furent fans
contredit Platoniciens. Mais quel rapport tout cela peut-il avoir à l'éternité du monde dont vous
nous parlez?

A.

Allons pied à pied, s'il vous plait.   Il y a une
intelligence qui anime le monde: Spinofa lui-même
l'avoue. Il eft impoffible de fe débattre contre cette vérité qui nous environne & qui nous preffe de
tous côtés.

C.

J'ai cependant connu des mutins qui difent qu'il
n'y a point d'intelligence formatrice, & que le
mouvement feul a formé par lui-même tout ce que
nous voyons & tout ce que nous fommes. Ils vous
difent hardiment, la combinaifon de cet Univers
était poffible puifqu'elle exifte; donc il était poffible que le mouvement feul l'arrangeât. Prenez quatre aftres feulement, Mars, Vénus, Mercure & la
Terre, ne fongeons d'abord qu'à la place où ils
font, en faifant abftraction de tout le refte, &
voyons combien nous avons de probabilités pour
que le feul mouvement les mette à ces places ref-
pectives.   Nous n'avons que vingt quatre hazards
dans cette combinaifon; c'eft-à-dire, il n'y a que

vingt-quatre contre un à parier, que ces aftres fe trouveront où ils font, les uns par rapport aux autres. Ajoutons à ces quatre globes celui de Jupiter; il n'y aura que cent quarante contre un à parier, que Jupiter, Mars, Vénus, Mercure & notre Globe, feront placés où nous les voyons.

Ajoutez y enfin Saturne, il n'y aura que huit cents quarante hazards contre un, pour mettre ces fix groffes planettes dans l'arrangement qu'elles gardent entre elles felon leurs diftances données. Il eft donc démontré qu'en huit cents quarante jets, le feul mouvement a pu mettre ces fix planettes principales dans leur ordre.

Prenez enfuite tous les aftres fécondaires, toutes leurs combinaifons, tous leurs mouvements, tous les êtres qui végètent, qui vivent, qui fentent, qui penfent, qui agiffent dans tous les globes, vous n'aurez qu'à augmenter le nombre des hazards; multipliez ce nombre dans toute l'éternité, jufqu'au nombre que notre faibleffe appelle infini, il y aura toujours une unité en faveur de la formation du monde, tel qu'il eft par le feul mouvement; donc, il eft poffible que dans toute l'éternité le feul mouvement de la matiere ait produit l'Univers entier tel qu'il exifte. Voilà le raifonnement de ces Meffieurs.

A.

Pardon, mon cher ami C; cette fuppofition me paraît prodigieufement ridicule pour deux raifons; la premiere c'eft que dans cet Univers il y a des êtres intelligents, & que vous ne fauriez prouver qu'il foit poffible que le feul mouvement produife l'entendement. La feconde, c'eft que de votre propre aveu il y a l'infini contre un à parier, qu'une caufe intelligente formatrice anime l'Uni-

vers. Quand on eſt tout ſeul vis-à-vis l'infini, on
eſt bien pauvre.

Encore une fois, Spinoſa lui-même, admet
cette intelligence. Pourquoi voulez-vous aller plus
loin que lui, & plonger par un ſot orgueil votre
faible raiſon dans un abîme où Spinoſa n'a pas oſé
deſcendre? ſentez-vous bien l'extrême folie de dire
que c'eſt une cauſe aveugle qui fait que le quarré
d'une révolution d'une planette eſt toujours au
quarré des révolutions des autres planettes, comme
le cube de ſa diſtance eſt au cube des diſtances
des autres au centre commun? Mes amis, ou les
aſtres ſont de grands géomètres, ou l'Eternel géomètre a arrangé les aſtres.

C.

Point d'injures, s'il vous plaît. Spinoſa n'en diſait point; il eſt plus aiſé de dire des injures que
des raiſons. Je vous accorde une intelligence formatrice répandue dans ce monde, je veux bien
dire avec Virgile.

Mens agitat molem & magno ſe corpore miſcet.

Je ne ſuis pas de ces gens qui diſent que les
aſtres, les hommes, les animaux, les végétaux,
la penſée, ſont l'effet d'un coup de dez.

A.

Pardon de m'être mis en colere, j'avais le
ſpléen; mais en me fâchant je n'en avais pas moins
raiſon.

B.

Allons au fait ſans nous fâcher. Comment en
admettant un Dieu, pouvez-vous ſoutenir par hipotèſe, que le monde eſt éternel?

A.

Comme je foutiens par voye de thèfe que les rayons du foleil font auffi anciens que cet aftre.

C.

Voilà une plaifante imagination! quoi! du fumier, des bacheliers en théologie, des puces, des finges & nous, nous ferions des émanations de la Divinité?

A.

Il y a certainement du divin dans une puce; elle faute cinquante fois fa hauteur. Elle ne s'eft pas donnée cet avantage.

B.

Quoi! les puces exiftent de toute éternité!

A.

Il le faut bien; puifqu'elles exiftent aujourd'hui, & qu'elles étaient hier, & qu'il n'y a nulle raifon pour qu'elles n'aient pas toujours exifté. Car fi elles font inutiles, elles ne doivent jamais être; & dès qu'une efpèce a l'exiftence, il eft impoffible de prouver qu'elle ne l'ait pas toujours eue. Voudriez-vous que l'Eternel géomètre eut été engourdi une éternité entière? Ce ne ferait pas la peine d'être géomètre & architecte pour paffer un éternité fans combiner & fans bâtir. Son effence eft de produire, puifqu'il a produit; il exifte néceffairement: donc tout ce qui eft en lui eft effentiellement néceffaire. On ne peut dépouiller un être de fon effence: car alors il cefferait d'être. Dieu eft agiffant, donc il a toujours agi; donc le monde eſt une émanation éternelle de lui-même. Donc, quiconque admet un Dieu doit admettre le monde éternel. Les rayons de lumière ſont partis néceſſairement de l'aſtre lumineux de toute éternité; & toutes les combinaiſons ſont parties de l'être combinateur de toute éternité. L'homme, le ſerpent, l'araignée, l'huitre, le colimaçon, ont toujours exiſté, parçe qu'ils étaient poſſibles.

B.

Quoi! vous croyez que le Demiourgos, la puiſ-ſance formatrice, le grand être a fait tout ce qui était à faire?

A.

Je l'imagine ainſi. Sans cela il n'eût point été l'être néceſſairement formateur; vous en feriez un ouvrier impuiſſant ou pareſſeux qui n'aurait travaillé qu'à une très petite partie de ſon ouvrage.

C.

Quoi! d'autres mondes feraient impoſſibles!

A.

Cela pourait bien être : autrement il y aurait une cauſe éternelle, néceſſaire, agiſſante par ſon eſſence, qui pouvant les faire ne les aurait point faits. Or une telle cauſe qui n'a point d'effet, me ſemble auſſi abſurde qu'un effet ſans cauſe.

C.

Mais bien des gens pourtant, diſent que cette cauſe éternelle a choiſi ce monde entre tous les mondes poſſibles.

A.

Ils ne paraiſſent point poſſibles s'ils n'exiſtent pas. Ces Meſſieurs-là auraient auſſi bien fait de dire que Dieu a choiſi entre les mondes impoſſibles. Certainement l'éternel artiſan aurait arrangé ces poſſibles dans l'eſpace.   Il y a de la place de reſte. Pourquoi, par exemple l'intelligence univerſelle, éternelle, néceſſaire, qui préſide à ce monde, aurait elle rejetté dans ſon idée une terre ſans végétaux empoiſonnés, ſans vérole, ſans ſcorbut, ſans peſte & ſans inquiſition? Il eſt très poſſible qu'une telle terre exiſte; elle devait paraître au grand Demiourgos meilleure que la nôtre: cependant nous avons la pire. Dire que cette bonne terre eſt poſſible, & qu'il ne nous l'a pas donnée; c'eſt dire aſſûrément qu'il n'a eu ni raiſon, ni bonté, ni puiſſance.   Or c'eſt ce qu'on ne peut dire; donc s'il n'a pas donné cette bonne terre, c'eſt apparemment qu'il était impoſſible de la former.

B.

Et qui vous a dit que cette terre n'exiſte pas? elle eſt probablement dans un des globes qui roulent autour de Sirius, ou du petit chien, ou de l'œil du Taureau.

A.

En ce cas nous ſommes d'accord; l'intelligence ſuprême a fait tout ce qu'il lui était poſſible de faire; & je perſiſte dans mon idée que tout ce qui n'eſt pas, ne peut être.

C.

Ainſi l'eſpace ſerait rempli de globes qui s'élè-

vent tous en perfections les uns au deſſus des autres; & nous avons néceſſairement un des plus
méchants lots! Cette imagination eſt belle; mais
elle n'eſt pas conſolante.

B.

Enfin, vous penſez donc que de la puiſſance
éternelle formatrice, de l'intelligence univerſelle,
du, en un mot, grand Etre, eſt ſorti néceſſairement de toute éternité tout ce qui exiſte?

A.

Il me paraît qu'il en eſt ainſi.

B.

Mais en ce cas le grand Etre n'a donc pas été
libre?

A.

Etre libre, je vous l'ai dit cent fois dans d'autres entretiens, c'eſt pouvoir. Il a pu, & il a fait.
Je ne conçois pas d'autre liberté. Vous ſavez que
ła liberté d'indifférence eſt un mot vuide de ſens.

B.

En conſcience, êtes-vous bien ſûr de votre ſyſtême?

A.

Moi! je ne ſuis ſûr de rien. Je crois qu'il y a
un Etre intelligent, une puiſſance formatrice, un
Dieu. Je tatonne dans l'obſcurité ſur tout le reſte.
J'affirme une idée aujourd'hui, j'en doute demain:
après demain je la nie: & je puis mé tromper tous
les jours. Tous les Philoſophes de bonne foi que
j'ai vus, m'ont avoué quand ils étaient un peu en

pointe de vin, que le grand Etre ne leur a pas donné une portion d'évidence plus forte que la mienne.

Pensez-vous qu'Epicure vît toujours bien clairement sa déclinaison des atomes? Que Descartes fût
persuadé de sa matière striée? croyez-moi, Leib-
nitz riait de ses monades & de son harmonie préé-
tablie. Téliamed riait de ses montagnes formées
par la mer. L'auteur des molécules organiques
est assez savant & assez galant homme pour en rire. Deux augures, comme vous savez, rient comme des fous quand ils se rencontrent. Il n'y a que
le Jésuite Irlandais Needham qui ne rie point de
ses anguilles.

B.

Il est vrai qu'en fait de systêmes, il faut toujours se réserver le droit de rire le lendemain de
ses idées de la veille.

C.

Je suis très-aise d'avoir trouvé un vieux Philoso-
phe Anglais qui rit après s'être fâché, & qui croit
sérieusement en Dieu. Cela est très édifiant.

A.

Oui, tête bleu, je crois en Dieu, & j'y crois
beaucoup plus que les Universités d'Oxford & de
Cambridge, & que tous les Prêtres de mon pays.
Car tous ces gens-là sont assez serrés pour vouloir
qu'on ne l'adore que depuis environ six mille ans:
& moi je veux qu'on l'ait adoré pendant l'éternité.
Je ne connais point de maître sans domestiques,
de Roi sans sujets, de pere sans enfans, ni de cause sans effet.

C.

D'accord, nous en fommes convenus. Mais là, mettez la main fur la confcience; croyez-vous un Dieu rémunérateur & puniffeur qui diftribue des prix & des peines à des créatures qui font émanées de lui, & qui néceffairement font dans fes mains comme l'argile fous les mains du potier?

Ne trouvez-vous pas Jupiter fort ridicule d'avoir jetté d'un coup de pied Vulcain du ciel en terre, parce que Vulcain était boiteux des deux jambes? Je ne fais rien de fi injufte. Or l'éternelle & fuprême intelligence doit être jufte; l'éternel amour doit chérir fes enfans, leur épargner les coups de pieds & ne les pas chaffer de la maifon pour les avoir fait naître lui-même néceffairement avec de vilaines jambes.

A.

Je fais tout ce qu'on a dit fur cette matière abftrufe & je ne m'en foucie guère. Je veux que mon procureur, mon tailleur, mes valets, ma femme même, croyent en Dieu & je m'imagine que j'en ferai moins volé & moins cocu.

C.

Vous vous moquez du monde. J'ai connu vingt dévotes qui ont donné à leurs maris des héritiers étrangers.

A.

Et moi j'en ai connu une que la crainte de Dieu a retenue, & cela me fuffit. Quoi donc à vôtre avis vos vingt dévergondées auraient-elles été plus fidèles en étant athées? En un mot toutes les nations policées ont admis des Dieux récompenſeurs & puniſſeurs, & je ſuis citoyen du monde.

B.

C'eſt fort bien fait ; mais ne vaudrait-il pas mieux que l'intelligence formatrice n'eût rien à punir ? Et d'ailleurs quand, comment punira-t-elle ?

A.

Je n'en ſais rien par moi-même ; mais encore une fois il ne faut point ébranler une opinion ſi utile au genre humain. Je vous abandonne tout le reſte. Je vous abandonnerai même mon monde éternel ſi vous le voulez abſolument, quoique je tienne bien fort à ce ſyſtême. Que nous importe après tout que ce monde ſoit éternel ou qu'il ſoit d'avant hier ? Vivons y doucement, adorons Dieu, ſoyons juſtes & bienfaiſans, voilà l'eſſentiel ; voilà la concluſion de toute diſpute. Que les barbares intolérans ſoient l'éxécration du genre humain & que chacun penſe comme il voudra.

C.

Amen. Allons boire, nous réjouir & bénir le grand Etre.

FIN DES DIALOGUES.

TABLE

DES PIECES.

Fin de la Table.

www.ingramcontent.com/pod-product-compliance
Lightning Source LLC
Chambersburg PA
CBHW070411090426
42733CB00009B/1621